HEYNE KOCHBÜCHER

Dr. Oetker

Plätzchen

WILHELM HEYNE VERLAG
MÜNCHEN

VORWORT

Apfel, Nuss und Mandelkern haben alle Kinder gern. Die kleinen und die großen! Gemeinsam backen macht einfach Spaß.

So treffen sich Jung und Alt zum Plätzchen backen. Aber auch Kleingebäck, Konfekt und figürliche Backideen laden zum Selbermachen ein.

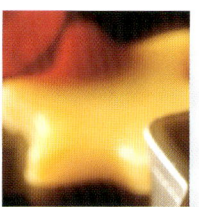

KAPITELÜBERSICHT

Plätzchen

Konfekt

Kleingebäck

SEITE 62-77

Figürliches Backen

SEITE 78-91

RATGEBER SEITE 92-93

PLÄTZCHEN

FEINES KAFFEEGEBÄCK,
REZEPT SEITE 10

FÜR DEN KNETTEIG:
500 g WEIZENMEHL
1 TL BACKPULVER
250 g ZUCKER
1 PCK. VANILLIN-ZUCKER
1 FLÄSCHCHEN BUTTER
VANILLE-AROMA
1 PRISE SALZ
1 EI (GRÖSSE M)
375 g WEICHE BUTTER

ZUM VERZIEREN:
APRIKOSEN-KONFITÜRE
PUDERZUCKER

FEINES KAFFEEGEBÄCK

(FOTO SEITE 8/9)

1. Für den Teig das Mehl mit dem Backpulver mischen und in eine Rührschüssel sieben. Die übrigen Teigzutaten hinzufügen und mit dem Handrührgerät mit Knethaken zu einem Teig verarbeiten.

2. Anschließend auf der bemehlten Arbeitsfläche verkneten und in Klarsichtfolie gewickelt etwa 2 Stunden kalt stellen. Den Teig in kleinen Mengen (restlichen Teig jeweils im Kühlschrank lassen) auf der leicht bemehlten Arbeitsfläche dünn ausrollen. Die Hälfte des Teiges zu runden Plätzchen, die andere Hälfte zu Ringen ausstechen und auf mit Backpapier belegte Backbleche legen, backen.

Ober-/Unterhitze: etwa 200 °C (vorgeheizt), **Heißluft:** etwa 180 °C (vorgeheizt)
Gas: etwa Stufe 4 (vorgeheizt), **Backzeit:** 8–10 Minuten.

3. Die Plätzchen auf einem Kuchenrost auskühlen lassen. Nach dem Erkalten die runden Plätzchen auf der Unterseite mit Aprikosen-Konfitüre bestreichen, die Ringe mit Puderzucker bestäuben und mit den runden Plätzchen zusammensetzen. Die Plätzchen sind 2–3 Wochen haltbar.

FÜR DEN RÜHRTEIG:
175 g BUTTER
100 g PUDERZUCKER
1 PCK. VANILLIN-ZUCKER
1 EIGELB (GRÖSSE M)
½ FLÄSCHCHEN RUM-
AROMA
1 MSP. GEMAHLENER ZIMT
25 g KAKAOPULVER
1 MSP. BACKPULVER
200 g WEIZENMEHL
125 g NICHT ABGEZOGENE,
GEMAHLENE MANDELN

ZUM BESTREICHEN:
EIWEISS (GRÖSSE M)

ZUM BELEGEN:
ABGEZOGENE, HALBIERTE
MANDELN

MANDELSCHIFFCHEN *(FOTO)*

1. Für den Teig die Butter schaumig rühren und nach und nach den gesiebten Puderzucker, Vanillin-Zucker, Eigelb, Aroma und Gewürze hinzugeben. Das mit Kakao und Backpulver gemischte und gesiebte Mehl esslöffelweise unterrühren.

2. Die gemahlenen Mandeln zuletzt unter den Teig rühren. Aus dem Teig bleistiftdicke Rollen formen, diese in etwa 4 cm lange Stücke schneiden, an den Enden spitz zusammendrücken, auf gefettete Backbleche legen und in jedes Teigstück eine Mandelhälfte (mit Eiweiß bestrichen) drücken, backen.

Ober-/Unterhitze: 180–200 °C (vorgeheizt)
Heißluft: 160–180 °C (vorgeheizt)
Gas: Stufe 3–4 (vorgeheizt)
Backzeit: etwa 10 Minuten.

Tipp:
Die Mandelschiffchen sind in einer gut zu verschließenden Dose etwa 4 Wochen haltbar.

DIE ZUTATEN:

FÜR DEN RÜHRTEIG:
200 g MARZIPAN-ROH-MASSE
175 g WEICHE BUTTER ODER MARGARINE
100 g ZUCKER
1 PCK. VANILLIN-ZUCKER
1 EI (GRÖSSE M)
3 TROPFEN ZITRONEN-AROMA
200 g WEIZENMEHL
50 g SPEISESTÄRKE

ETWA 4 EL SAUERKIRSCH-KONFITÜRE
150 g HALBBITTER-KUVERTÜRE

Tipp:
Anstelle der Sauerkirsch-konfitüre kann auch Aprikosen-konfitüre oder Orangenmarmelade verwendet werden. Das gefüllte Gebäck ist 2 Wochen haltbar (es wird mit der Zeit immer weicher), ohne Füllung halten sich die Stangen etwa 4 Wochen.

GEFÜLLTE MARZIPAN-STANGEN

1. Für den Teig Marzipan-Rohmasse in kleine Würfel schneiden, Butter oder Margarine hinzufügen und mit dem Handrührgerät mit Rührbesen geschmeidig rühren. Zucker, Vanillin-Zucker, Ei und Zitronen-Aroma unterrühren.

2. Das Mehl mit der Speisestärke mischen, sieben und portionsweise auf mittlerer Stufe unterrühren. Den Teig in einen Spritzbeutel mit gezackter Tülle füllen und etwa 5 cm lange, nach Belieben leicht gewellte Stangen auf gefettete, mit Backpapier belegte Backbleche spritzen, backen.

Ober-/Unterhitze: etwa 180 °C (vorgeheizt)
Heißluft: etwa 160 °C (vorgeheizt)
Gas: etwa Stufe 3 (vorgeheizt)
Backzeit: 10–12 Minuten.

3. Die gebackenen Marzipanstangen vom Backblech nehmen und auf einem Kuchenrost erkalten lassen.

4. Sauerkirsch-Konfitüre durch ein Sieb streichen. Die Hälfte der Marzipanstangen auf der Unterseite mit Konfitüre bestreichen, mit den restlichen Stangen bedecken und andrücken.

5. Die Kuvertüre zerkleinern, in einem kleinen Topf im Wasserbad bei schwacher Hitze zu einer geschmeidigen Masse verrühren, die Marzipanstangen mit den Enden hineintauchen und trocknen lassen.

STREUSELPLÄTZCHEN

1. Den Blätterteig zugedeckt bei Zimmertemperatur auftauen lassen.

2. Die Teigplatten übereinander legen, dünn ausrollen, mit einer runden Form (Ø etwa 5,5 cm) ausstechen und auf mit kaltem Wasser abgespülte Backbleche legen.

3. Für die Streusel das Mehl in eine Rührschüssel sieben, mit Zucker, Vanillin-Zucker, Zimt und Belegkirschen mischen. Die Butter in Flöckchen dazugeben.

4. Alle Zutaten mit den Händen oder mit dem Handrührgerät mit Knethaken zu Streuseln von gewünschter Größe verarbeiten. Die Teigplätzchen gleichmäßig damit bestreuen, backen.

Ober-/Unterhitze: 200–220 °C (vorgeheizt)
Heißluft: 180–200 °C (vorgeheizt)
Gas: Stufe 4–5 (vorgeheizt)
Backzeit: etwa 10 Minuten.

5. Die Streuselplätzchen vom Backblech nehmen und auf einem Kuchenrost erkalten lassen.

DIE ZUTATEN:

1 PCK. (300 g)
TK-BLÄTTERTEIG

FÜR DIE STREUSEL:
150 g WEIZENMEHL
75 g ZUCKER
1 PCK. VANILLIN-ZUCKER
1 MSP. GEMAHLENER ZIMT
50 g KLEIN
GESCHNITTENE, ROTE
BELEGKIRSCHEN
75 g BUTTER

Tipp:
Nach Belieben 150 g Kirsch-Konfitüre durch ein Sieb streichen, die Blätterteigplätzchen dünn damit bestreichen und mit den Streuseln bedecken. Anstelle der Belegkirschen kann auch dieselbe Menge gehackte Haselnusskerne verwendet werden. Die Streuselplätzchen schmecken frisch am besten.

ZIMT-BAISER-PLÄTZCHEN *(FOTO)*

1. Für den Teig das Mehl in eine Rührschüssel sieben. Zucker, Vanillin-Zucker, Ei-gelb und Butter oder Margarine hinzufügen. Die Zutaten mit dem Handrührgerät mit Knethaken zunächst kurz auf niedrigster, dann auf höchster Stufe gut durcharbeiten. Anschließend auf der Arbeitsfläche zu einem glatten Teig verkneten, sollte er kleben, ihn eine Zeit lang kalt stellen.

2. Den Teig auf der bemehlten Arbeitsfläche etwa 2 mm dick ausrollen, mit einer run-den Form (Ø 3–4 cm) ausstechen und auf mit Backpapier belegte Backbleche legen.

3. Das Eiweiß mit Zucker und Zimt verrühren, im Wasserbad mit dem Handrührgerät mit Rührbesen schlagen, bis der Eischnee schnittfest ist. Die Mandeln unterheben.

4. Auf jedes Plätzchen etwa einen gestrichenen Teelöffel der Baisermasse streichen und mit einer halben kandierten Kirsche garnieren, backen.

Ober-/Unterhitze: etwa 180 °C (vorgeheizt), **Heißluft:** etwa 160 °C (vorgeheizt) **Gas:** etwa Stufe 3 (vorgeheizt), **Backzeit:** etwa 12 Minuten.

5. Die Plätzchen sind 2–3 Wochen haltbar.

SCHWARZ-WEISS-GEBÄCK
(TITELFOTO)

1. Für den hellen Teig das Mehl mit dem Backpulver mischen, in eine Rührschüssel sieben. Den Zucker, Vanillin-Zucker, Rum- oder Butter-Vanille-Aroma, Ei, weiche Butter oder Margarine hinzufügen. Die Zutaten mit dem Handrührgerät mit Knet-haken kurz auf niedrigster, dann auf höchster Stufe gut durcharbeiten.

2. Den Teig anschließend auf der Arbeitsfläche zu einem glatten Teig verkneten, sollte er kleben, ihn eine Zeit lang kalt stellen.

3. Für den dunklen Teig Kakao mit Zucker und Milch verrühren, unter die Hälfte des Teiges kneten, die beiden Teige folgendermaßen zusammensetzen: Für das Schnecken-muster den hellen und den dunklen Teig zu gleichmäßig großen Rechtecken ausrollen, eines dünn mit Eiweiß bestreichen, das zweite darauf legen, ebenfalls bestreichen, fest zusammenwickeln, kalt stellen, in ½ cm dicke Scheiben schneiden.

4. Für das Schachbrettmuster den hellen und den dunklen Teig etwa 1 cm dick aus-rollen, aus dem hellen 5, aus dem dunklen 4 je 1 cm breite Streifen von gleicher Länge schneiden, mit Eiweiß bestreichen, abwechselnd je drei neben und überein-ander legen, in dünn ausgerollten Teig wickeln, in ½ cm dicke Scheiben schneiden. Die Scheiben auf gefettete Backbleche legen, backen.

Ober-/Unterhitze: 180–200 °C (vorgeheizt), **Heißluft:** 160–180 °C (vorgeheizt) **Gas:** Stufe 3–4 (vorgeheizt), **Backzeit:** 10–15 Minuten.

FÜR DEN KNETTEIG:
250 g WEIZENMEHL
1 GESTR. TL BACKPULVER
75 g ZUCKER
2 PCK. VANILLIN-ZUCKER
1 EI (GRÖSSE M)
125 g BUTTER

50 g HALBBITTER-
KUVERTÜRE

VANILLEPLÄTZCHEN

1. Für den Teig das Mehl mit Backpulver mischen und in eine Rührschüssel sieben. Zucker, Vanillin-Zucker, Ei und Butter hinzufügen. Die Zutaten mit dem Handrührgerät mit Knethaken zunächst kurz auf niedrigster, dann auf höchster Stufe gut durcharbeiten.

2. Anschließend auf der bemehlten Arbeitsfläche zu einem glatten Teig verkneten, sollte er kleben, ihn eine Zeit lang kalt stellen.

3. Den Teig dünn ausrollen, Kreise (Ø etwa 4 cm) ausstechen und auf gefettete Backbleche legen, backen.

Ober-/Unterhitze: etwa 200 °C (vorgeheizt)
Heißluft: etwa 180 °C (vorgeheizt)
Gas: etwa Stufe 4 (vorgeheizt)
Backzeit: 10 Minuten.

4. Die Plätzchen vom Backblech lösen und auf einem Kuchenrost erkalten lassen.

5. Die Kuvertüre in einem kleinen Topf im Wasserbad bei schwacher Hitze zu einer geschmeidigen Masse verrühren. Die Plätzchen auf Back- oder Pergamentpapier legen und mit Hilfe eines Teelöffels mit der Kuvertüre besprenkeln.

Tipp:
Durch die Zugabe von
1 Päckchen Orangenfrucht
oder geriebener Zitronen-
schale lassen sich die
Vanilleplätzchen
geschmacklich einfach
und schnell abwandeln.
Die Vanilleplätzchen sind
etwa 4 Wochen haltbar.

DIE ZUTATEN:

FÜR DEN KNETTEIG:
150 g WEIZENMEHL
½ GESTR. TL BACK-
PULVER
75 g ZUCKER
1 PCK. VANILLIN-ZUCKER
2 EL WASSER
125 g BUTTER ODER
MARGARINE
150 g GEMAHLENE HASEL-
NUSSKERNE

FÜR DEN BELAG:
200 g MARZIPAN-ROH-
MASSE
50 g GESIEBTER PUDER-
ZUCKER

GESIEBTER PUDERZUCKER
JOHANNISBEERGELEE

FÜR DEN GUSS:
75 g GESIEBTER PUDER-
ZUCKER
2 EL RUM ODER
ZITRONENSAFT

GEHACKTE HASELNUSS-
KERNE
GEHACKTE PISTAZIEN-
KERNE
HALBIERTE, KANDIERTE
KIRSCHEN

NUSS-MARZIPAN-TALER

1. Für den Knetteig das Mehl mit Backpulver mischen und in eine Rührschüssel sieben. Zucker, Vanillin-Zucker, Wasser, Butter oder Margarine und Haselnüsse hinzufügen. Die Zutaten mit dem Handrührgerät mit Knethaken zunächst kurz auf niedrigster, dann auf höchster Stufe gut durcharbeiten.

2. Anschließend auf der bemehlten Arbeitsfläche zu einem glatten Teig verkneten, sollte er kleben, ihn eine Zeit lang kalt stellen.

3. Den Teig auf der leicht bemehlten Arbeitsfläche etwa 2 mm dick ausrollen, Kreise (Ø etwa 4 cm) ausstechen und auf gefettete Backbleche legen, backen.

Ober-/Unterhitze: etwa 200 °C (vorgeheizt), **Heißluft:** etwa 180 °C (vorgeheizt) **Gas:** etwa Stufe 4 (vorgeheizt), **Backzeit:** etwa 10 Minuten.

4. Die Plätzchen vom Backblech lösen und auf einem Kuchenrost erkalten lassen.

5. Für den Belag Marzipan-Rohmasse mit Puderzucker gut verkneten, dünn auf Puderzucker ausrollen und Kreise in der Größe der Teigplätzchen ausstechen. Die erkalteten Teigplätzchen dünn mit Johannisbeergelee bestreichen und die Marzipankreise darauf setzen.

6. Für den Guss Puderzucker mit Rum oder Zitronensaft zu einer dünnflüssigen Masse verrühren und die Oberflächen der Plätzchen dünn damit bestreichen. Mit Haselnüssen, Pistazien und Kirschen garnieren. Die Nuss-Marzipan-Taler sind etwa 2 Wochen haltbar.

DIE ZUTATEN:

FÜR DEN KNETTEIG:
250 g WEIZENMEHL
1 MSP. BACKPULVER
75 g ZUCKER
1 PCK. VANILLIN-ZUCKER
2 EIGELB (GRÖSSE M)
125 g WEICHE BUTTER
ODER MARGARINE

FÜR DEN BELAG:
3 EIWEISS (GRÖSSE M)
150 g ZUCKER
175 g KOKOSRASPEL
3 TROPFEN BITTER-
MANDEL-AROMA

ZUM BESTREICHEN:
1 EIGELB (GRÖSSE M)
1 TL MILCH

KOKOSPLÄTZCHEN *(Foto)*

1. Für den Teig das Mehl mit Backpulver mischen und in eine Rührschüssel sieben. Zucker, Vanillin-Zucker, Eigelb und Butter oder Margarine hinzufügen.

2. Die Zutaten mit dem Handrührgerät mit Knethaken zunächst kurz auf niedrigster, dann auf höchster Stufe gut durcharbeiten. Anschließend auf der Arbeitsfläche zu einem glatten Teig verkneten, sollte er kleben, ihn eine Zeit lang kalt stellen.

3. Den Teig dünn ausrollen und gleichviele Kreise in zwei verschiedenen Größen (Ø etwa 4,5 und 2 cm) ausstechen. Die größeren Kreise auf ein gefettetes Backblech legen.

4. Für den Belag das Eiweiß sehr steif schlagen, so dass ein Messerschnitt sichtbar bleibt. Zucker unterschlagen. Die Kokosraspeln und Bittermandel-Aroma unterheben und die Kokosmasse in Häufchen auf die Teigplätzchen geben. Jeweils ein kleines Teigplätzchen schräg daranlegen.

5. Zum Bestreichen das Eigelb mit der Milch verschlagen und die kleinen Teigplätzchen damit bestreichen, backen.

Ober-/Unterhitze: etwa 200 °C (vorgeheizt), **Heißluft:** etwa 180 °C (vorgeheizt) **Gas:** etwa Stufe 4 (vorgeheizt), **Backzeit:** 10–15 Minuten.

6. Die Kokosplätzchen vom Blech lösen und auf einem Kuchenrost erkalten lassen. Die Kokosplätzchen sind etwa 2 Wochen haltbar.

DIE ZUTATEN:

FÜR DEN KNETTEIG:
250 g BUTTER
125 g GESIEBTER PUDER-
ZUCKER
2 PCK. VANILLIN-ZUCKER
300 g WEIZENMEHL
1 EL MILCH

Tipp:
Die Butterplätzchen
sind bis zu
4 Wochen haltbar.

BUTTERPLÄTZCHEN

1. Für den Teig die Butter zerlassen und kalt stellen. In die erkaltete, wieder etwas fest gewordene Butter nach und nach esslöffelweise Puderzucker und Vanillin-Zucker geben und so lange mit dem Handrührgerät mit Rührbesen rühren, bis die Masse weißschaumig geworden ist.

2. Das Mehl sieben und ⅔ davon portionsweise unterrühren, wenn der Teig fester wird, Milch hinzufügen. Das restliche Mehl mit dem Teigbrei zu einem glatten Teig verkneten.

3. Den Teig in kleinen Mengen auf der leicht bemehlten Arbeitsfläche dünn ausrollen, mit kleinen, beliebigen Formen ausstechen und auf Backbleche legen, backen.

Ober/Unterhitze: etwa 200 °C (vorgeheizt), **Heißluft:** etwa 180 °C (vorgeheizt) **Gas:** etwa Stufe 4 (vorgeheizt), **Backzeit:** 5–8 Minuten.

FÜR DEN RÜHRTEIG:
175 g BUTTER ODER
MARGARINE
150 g GESIEBTER PUDER-
ZUCKER
1 PCK. VANILLIN-ZUCKER
2 EIGELB (GRÖSSE M)
250 g WEIZENMEHL
1 MSP. BACKPULVER
1 GUT GEH. EL GESIEBTES
KAKAOPULVER

FÜR DIE FÜLLUNG:
150–200 g DUNKLER
NUSS-NOUGAT

25 g KUVERTÜRE
ETWAS KOKOSFETT

NOUGATTUFFS *(ETWA 35 STÜCK)*

1. Für den Teig die Butter oder Margarine mit dem Handrührgerät mit Rührbesen geschmeidig rühren. Nach und nach Puderzucker und Vanillin-Zucker unterrühren, so lange rühren, bis eine gebundene Masse entstanden ist. Das Eigelb nach und nach unterrühren (jedes Eigelb knapp ½ Minute).

2. Das Mehl mit Backpulver und Kakao mischen, sieben und portionsweise unterrühren. Den Teig in einen Spritzbeutel mit Sterntülle füllen und Tuffs (Ø etwa 2 cm) auf mit Backpapier belegte Backbleche spritzen, backen.

Ober-/Unterhitze: etwa 200 °C (vorgeheizt)
Heißluft: etwa 180 °C (vorgeheizt)
Gas: etwa Stufe 4 (vorgeheizt)
Backzeit: etwa 12 Minuten.

3. Die Plätzchen auf einem Kuchenrost erkalten lassen.

4. Für die Füllung den Nuss-Nougat in einem kleinen Topf im Wasserbad bei schwacher Hitze zu einer geschmeidigen Masse verrühren. Die Hälfte der Plätzchen auf der Unterseite damit bestreichen und die übrigen mit der Unterseite darauf legen.

5. Die Kuvertüre und das Kokosfett in einem kleinen Topf im Wasserbad bei schwacher Hitze zu einer geschmeidigen Masse verrühren und mit Hilfe eines Tee-löffels die Plätzchen damit besprenkeln.

BUNTE STERNE

1. Für den Teig das Mehl mit Backpulver mischen und in eine Rührschüssel sieben. Zucker, Vanillin-Zucker, Gewürze, Ei und Butter hinzufügen.

2. Die Zutaten mit dem Handrührgerät mit Knethaken zunächst kurz auf niedrigster, dann auf höchster Stufe gut durcharbeiten. Anschließend auf der Arbeitsfläche zu einem glatten Teig verkneten, sollte er kleben, ihn eine Zeit lang kalt stellen.

3. Den Teig auf der leicht bemehlten Arbeitsfläche portionsweise dünn ausrollen. Die Sterne in zwei Größen (die gleiche Anzahl von jeder Größe) ausstechen und auf gefettete oder mit Backpapier belegte Backbleche legen, backen.

Ober-/Unterhitze: etwa 200 °C (vorgeheizt)
Heißluft: etwa 180 °C (vorgeheizt)
Gas: etwa Stufe 4 (vorgeheizt)
Backzeit: 8–10 Minuten.

4. Das Gebäck sofort vom Backblech lösen und auf einem Kuchenrost erkalten lassen.

5. Für den Guss die Kuvertüre und das Kokosfett in einem kleinen Topf im Wasserbad bei schwacher Hitze zu einer geschmeidigen Masse verrühren. Die großen Sterne damit bestreichen, die kleinen so darauf legen, dass die braunen Spitzen der unteren Sterne zu sehen sind, diese mit Zuckerstreuseln bestreuen und fest werden lassen.

DIE ZUTATEN:

FÜR DEN KNETTEIG:
250 g WEIZENMEHL
1 MSP. BACKPULVER
100 g ZUCKER
1 PCK. VANILLIN-ZUCKER
JE 1 MSP. ZIMT, KARDA-MOM, NELKEN UND MUSKATBLÜTE (ALLES GEMAHLEN)
1 EI (GRÖSSE M)
125 g BUTTER

FÜR DEN GUSS:
100 g HALBBITTER-KUVERTÜRE
15 g KOKOSFETT

BUNTE ZUCKERSTREUSEL

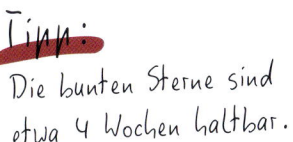

Tipp:
Die bunten Sterne sind etwa 4 Wochen haltbar.

DIE ZUTATEN:

FÜR DEN KNETTEIG:
300 g WEIZENMEHL
30 g KAKAOPULVER
1 MSP. BACKPULVER
150 g ZUCKER
1 PCK. VANILLIN-ZUCKER
1 PRISE SALZ
1 EI (GRÖSSE M)
200 g BUTTER ODER
MARGARINE

FÜR DIE FÜLLUNG:
200 g MARZIPAN-
ROHMASSE
50 g GEMAHLENE
PISTAZIENKERNE
150 g GEKÜHLTER,
DUNKLER NUSS-NOUGAT

75 g WEISSE KUVERTÜRE

MOZART-RAVIOLI

1. Für den Teig das Mehl mit Kakao und Backpulver mischen und in eine Rührschüssel sieben. Zucker, Vanillin-Zucker, Salz, Ei und Butter oder Margarine hinzufügen.

2. Die Zutaten mit dem Handrührgerät mit Knethaken zunächst kurz auf niedrigster, dann auf höchster Stufe durcharbeiten, anschließend auf der Arbeitsfläche zu einem glatten Teig verkneten. Den Teig etwa 1 Stunde in Klarsichtfolie verpackt kalt stellen.

3. Für die Füllung die Marzipan-Rohmasse und Pistazien verkneten, zwischen zwei Lagen Klarsichtfolie dünn ausrollen und in 48 kleine Quadrate schneiden. Den Nougat in 48 kleine Würfel schneiden und je 1 Würfel auf jedes Marzipanquadrat legen. Das Marzipan darüber zusammendrücken und jeweils zu einer kleinen Kugel formen.

4. Den Teig vierteln. Ein Teigviertel auf der bemehlten Arbeitsfläche dünn ausrollen. Die Teigplatte auf ein Raviolibrett (26 x 10 cm) legen. Jeweils 1 Marzipankugel in die Vertiefungen legen. Die Teigplatte mit einer weiteren Teigplatte abdecken. Mit einer Teigrolle über das Raviolibrett rollen und den überstehenden Teig entfernen.

5. Die Ravioli aus der Form stürzen und auf mit Backpapier belegte Backbleche legen, backen. Den Vorgang mit dem restlichen Teig wiederholen.

Ober-/Unterhitze: 180–200 °C (vorgeheizt)
Heißluft: 160–180 °C (vorgeheizt)
Gas: Stufe 3–4 (vorgeheizt)
Backzeit: etwa 15 Minuten.

6. Die Mozart-Ravioli auf einen Kuchenrost legen und erkalten lassen.

7. Die Kuvertüre in einem kleinen Topf im Wasserbad zu einer geschmeidigen Masse verrühren und mit Hilfe eines Teelöffels auf die erkalteten Ravioli sprenkeln.

Tipp:
Wer kein Raviolibrett hat, kann die Mozart-Ravioli auch anders zubereiten. Die Hälfte des Teiges zu einem Rechteck (28 x 24 cm) ausrollen. Die Marzipankugeln darauf verteilen, mit einem in Wasser getauchten Pinsel zwischen den Kugeln auf dem Teig längs und quer Linien ziehen, so dass kleine Rechtecke (3,5 x 4 cm) entstehen. Die zweite Teigplatte darauf legen, gut auf die angefeuchteten Linien drücken und mit einem Teigrädchen den Linien folgend die Rechtecke ausschneiden. Die Mozart-Ravioli sind etwa 4 Wochen haltbar.

DIE ZUTATEN:

FÜR DEN KNETTEIG:
250 g WEIZENMEHL
1 GESTR. TL BACKPULVER
75 g ZUCKER
1 PCK. VANILLIN-ZUCKER
½ PCK. ORANGENFRUCHT
2 EIER (GRÖSSE M)
100 g BUTTER
50 g ABGEZOGENE,
GEMAHLENE MANDELN

FÜR DIE FÜLLUNG:
125 g LÖFFELBISKUITS
3 EL RUM
100 ML ROTWEIN
½ PCK. ORANGENFRUCHT
50 g ZARTBITTER-
SCHOKOLADE

JOHANNISBEERGELEE

FÜR DEN GUSS:
65 g GESIEBTER PUDER-
ZUCKER
ETWA 2 TL RUM

Tipp:
Nach Belieben zusätzlich
etwas abgeriebene
Zitronenschale und
gemahlenen Zimt in
der Füllung mit-
erwärmen. Die Punsch-
herzen sind 1-2 Wochen
haltbar.

PUNSCHHERZEN

1. Für den Knetteig das Mehl und Backpulver mischen und in eine Rührschüssel sieben. Zucker, Vanillin-Zucker, Orangenfrucht, Eier, Butter und Mandeln hinzufügen. Die Zutaten mit dem Handrührgerät mit Knethaken zunächst kurz auf niedrigster, dann auf höchster Stufe gut durcharbeiten.

2. Anschließend auf der bemehlten Arbeitsfläche zu einem glatten Teig verkneten, sollte er kleben, ihn eine Zeit lang kalt stellen.

3. Den Teig auf der leicht bemehlten Arbeitsfläche dünn ausrollen, Herzen ausstechen und auf mit Backpapier belegte Backbleche legen, backen.

Ober-/Unterhitze: etwa 200 °C (vorgeheizt)
Heißluft: etwa 180 °C (vorgeheizt)
Gas: etwa Stufe 4 (vorgeheizt)
Backzeit: etwa 10 Minuten.

4. Die Herzen vom Backblech lösen und auf einem Kuchenrost erkalten lassen.

5. Für die Füllung die Löffelbiskuits in einen Gefrierbeutel geben, den Beutel verschließen, mit der Teigrolle zerdrücken und in eine Schüssel geben. Rum, Rotwein, Orangenfrucht und Schokolade unter Rühren erhitzen, über die Biskuitbrösel geben, gut verrühren und abkühlen lassen.

6. Die Unterseiten der Plätzchen dünn mit Johannisbeergelee bestreichen und jeweils 2 Stück mit der Punschfüllung zusammensetzen.

7. Für den Guss den Puderzucker mit so viel Rum verrühren, dass ein dickflüssiger Guss entsteht und die Oberflächen der Plätzchen damit bestreichen. Etwas Johannisbeergelee kurz erwärmen, jeweils einige Tropfen davon auf den noch feuchten Puderzuckerguss geben und mit einem Zahnstocher so durchziehen, dass ein Marmormuster entsteht. Den Guss trocknen lassen. Die Plätzchen in gut schließenden Dosen aufbewahren.

GROSSMUTTERS EIER-KRÄNZE *(ETWA 80 STÜCK)*

1. Für den Teig das Eigelb durch ein Sieb streichen. Das Mehl in eine Rührschüssel sieben. Eigelb, Zucker und Butter oder Margarine hinzufügen.

2. Die Zutaten mit dem Handrührgerät mit Knethaken zu einem glatten Teig verarbeiten. Den Teig auf der leicht bemehlten Arbeitsfläche etwa 3 mm dünn ausrollen, Ringe ausstechen und auf mit Backpapier belegte Backbleche legen.

3. Die Teigringe mit Kondensmilch bestreichen und mit Zimt-Zucker bestreuen, backen.

Ober-/Unterhitze: etwa 200 °C (vorgeheizt)
Heißluft: etwa 180 °C (vorgeheizt)
Gas: etwa Stufe 4 (vorgeheizt)
Backzeit: 8–10 Minuten.

4. Die Kränze vom Blech nehmen und auf einem Kuchenrost erkalten lassen.

DIE ZUTATEN:

FÜR DEN KNETTEIG:
3 HART GEKOCHTE EIGELB (GRÖSSE M)
250 g WEIZENMEHL
125 g ZUCKER
250 g BUTTER ODER MARGARINE

KONDENSMILCH
ZIMT-ZUCKER

Tipp:
Die Eierkränze halten sich in einer gut schließenden Dose etwa 4 Wochen.

FÜR DEN KNETTEIG:
200 g WEIZENMEHL
50 g SPEISESTÄRKE
1 GESTR. TL BACKPULVER
125 g ZUCKER
1 PCK. VANILLIN-ZUCKER
2 TROPFEN
BITTERMANDEL-AROMA
1 PRISE SALZ
1 EI (GRÖSSE M)
125 g WEICHE BUTTER
ODER MARGARINE
125 g HASELNUSSKERNE

NUSSTALER *(Foto)*

1. Das Mehl mit Speisestärke und Backpulver mischen und in eine Rührschüssel sieben. Zucker, Vanillin-Zucker, Bittermandel-Aroma, Salz, Ei und Butter oder Margarine hinzufügen.

2. Die Zutaten mit dem Handrührgerät mit Knethaken zunächst kurz auf niedrigster, dann auf höchster Stufe gut durcharbeiten. Die Haselnusskerne grob hacken und kurz unterkneten.

3. Anschließend auf der Arbeitsfläche zu einem glatten Teig verkneten. Aus dem Teig 2 ½ cm dicke Rollen formen und so lange kalt stellen, bis sie hart geworden sind.

4. Die Rollen in ½ cm dicke Scheiben schneiden. Die Scheiben auf gefettete, mit Backpapier belegte Backbleche legen, backen.

Ober-/Unterhitze: etwa 200 °C (vorgeheizt), **Heißluft:** etwa 180 °C (vorgeheizt) **Gas:** etwa Stufe 4 (vorgeheizt), **Backzeit:** 10–15 Minuten.

5. Die Nusstaler vom Backblech nehmen und erkalten lassen. Die Nusstaler sind etwa 4 Wochen haltbar.

FÜR DEN KNETTEIG:
250 g WEIZENMEHL
200 g BUTTER ODER
MARGARINE
5 EL SAURE SAHNE

KONDENSMILCH
HAGELZUCKER
ZIMT-ZUCKER

RAHMTALER *(ETWA 80 STÜCK)*

1. Für den Knetteig das Mehl in eine Rührschüssel sieben. Butter oder Margarine und saure Sahne hinzufügen. Die Zutaten mit dem Handrührgerät mit Knethaken zunächst kurz auf niedrigster, dann auf höchster Stufe gut durcharbeiten.

2. Anschließend auf der bemehlten Arbeitsfläche zu einem glatten Teig verkneten, daraus Rollen (Ø 2,5 cm) formen und einige Stunden kalt stellen (am besten über Nacht).

3. Die Rollen in knapp ½ cm dicke Scheiben schneiden und auf mit Backpapier belegte Backbleche legen. Die Taler mit Kondensmilch bestreichen und mit Hagelzucker oder Zimt-Zucker bestreuen, backen.

Ober-/Unterhitze: etwa 200 °C (vorgeheizt), **Heißluft:** etwa 180 °C (vorgeheizt) **Gas:** etwa Stufe 4 (vorgeheizt), **Backzeit:** etwa 10 Minuten.

4. Die Taler vom Backblech lösen und auf einem Kuchenrost erkalten lassen. Die Rahmtaler sind etwa 4 Wochen haltbar.

DIE ZUTATEN:

FÜR DEN KNETTEIG:
250 g WEIZENMEHL
1 GESTR. TL BACKPULVER
75 g ZUCKER
1 PCK. VANILLIN-ZUCKER
1 PRISE SALZ
1 EI (GRÖSSE M)
125 g BUTTER ODER
MARGARINE

FÜR DEN HELLEN GUSS:
100 g GESIEBTER PUDER-
ZUCKER
1 EL RUM
1–2 EL WASSER

FÜR DEN DUNKLEN GUSS:
100 g GESIEBTER PUDER-
ZUCKER
ETWA 1 EL GESIEBTES
KAKAOPULVER
ETWA 1 EL WASSER

FÜR DIE FÜLLUNG:
3–4 EL ROTES JOHANNIS-
BEERGELEE

Tipp:
Die Blütenplätzchen
halten sich 1-2 Wochen,
durch die Geleeschicht
werden sie weicher, je
länger sie stehen.

BLÜTENPLÄTZCHEN

1. Für den Teig das Mehl und Backpulver mischen und in eine Rührschüssel sieben. Zucker, Vanillin-Zucker, Salz, Ei und Butter oder Margarine hinzufügen. Die Zutaten mit dem Handrührgerät mit Knethaken zunächst auf niedrigster, dann auf höchster Stufe kurz durcharbeiten.

2. Anschließend auf der Arbeitsfläche zu einem glatten Teig verkneten. Sollte er kleben, ihn eine Zeit lang kalt stellen.

3. Den Teig auf der leicht bemehlten Arbeitsfläche portionsweise dünn ausrollen und mit einer runden Form (Ø etwa 5 cm) Plätzchen ausstechen. Die Hälfte davon in der Mitte nochmals ausstechen (Ø etwa 2 cm), so dass Ringe entstehen. Die Plätzchen und die Ringe auf mit Backpapier belegte Backbleche legen, backen.

Ober-/Unterhitze: etwa 200 °C (vorgeheizt), **Heißluft:** etwa 180 °C (vorgeheizt)
Gas: etwa Stufe 4 (vorgeheizt), **Backzeit:** 6–8 Minuten.

4. Das Gebäck vom Backblech nehmen und erkalten lassen.

5. Für den hellen Guss den Puderzucker mit Rum und so viel Wasser verrühren, dass ein dickflüssiger Guss entsteht.

6. Für den dunklen Guss den Puderzucker und Kakao mischen, mit so viel Wasser verrühren, dass ein dickflüssiger Guss entsteht und ihn zum Spritzen in ein Pergamentpapiertütchen füllen.

7. Vor dem Zusammensetzen jeweils ein Ringplätzchen mit hellem Guss bestreichen, danach sofort einen braunen Ring darauf spritzen und mit einem nassen Messer oder Holzstäbchen mehrere Male vom Rand aus zur Mitte (nach Belieben auch entgegengesetzt) leicht durch den Guss ziehen.

8. Jeweils ein Plätzchen auf der Unterseite dünn mit Johannisbeergelee bestreichen, einen Ring darauf legen und die Plätzchen trocknen lassen.

KOKOSHÄUFCHEN

1. Für den Teig die Butter oder Margarine mit dem Handrührgerät mit Rührbesen auf höchster Stufe geschmeidig rühren. Nach und nach Zucker, Vanillin-Zucker, Rum- und Bittermandel-Aroma unterrühren, so lange rühren, bis eine gebundene Masse entstanden ist. Das Ei unterrühren (etwa ½ Minute).

2. Das Mehl mit Backpulver mischen, sieben und portionsweise auf mittlerer Stufe unterrühren. Die Milch unterrühren. Die Kokosraspeln zuletzt kurz unterrühren.

3. Von dem Teig mit 2 Teelöffeln Häufchen auf ein gefettetes, mit Backpapier belegtes Backblech setzen, backen.

Ober-/Unterhitze: etwa 200 °C (vorgeheizt)
Heißluft: etwa 180 °C (vorgeheizt)
Gas: etwa Stufe 4 (vorgeheizt)
Backzeit: 10–12 Minuten.

4. Die Kokoshäufchen auf einem Kuchenrost erkalten lassen.

Abwandlung: Die Kokoshäufchen mit 50 g aufgelöster Halbbitter-Kuvertüre besprenkeln oder mit der Unterseite eintauchen, so dass dunkle „Füßchen" entstehen.

DIE ZUTATEN:

FÜR DEN RÜHRTEIG:
50 g BUTTER ODER MARGARINE
125 g ZUCKER
1 PCK. VANILLIN-ZUCKER
½ FLÄSCHCHEN RUM-AROMA
3 TROPFEN BITTER-MANDEL-AROMA
1 EI (GRÖSSE M)
125 g WEIZENMEHL
2 GESTR. TL BACKPULVER
ETWA 1 EL MILCH
250 g KOKOSRASPEL

Tipp:
Der Kokosgeschmack kann noch verstärkt werden, indem man die Kokosraspeln vorher in einer Pfanne ohne Fett anbräunt. Die Kokoshäufchen sind 3-4 Wochen haltbar.

DIE ZUTATEN:

FÜR DEN RÜHRTEIG:
150 g BUTTER ODER MARGARINE
75 g BRAUNER ZUCKER (KANDISFARIN)
75 g ZUCKER
1 PCK. BOURBON-VANILLEZUCKER
2 EIER (GRÖSSE M)
200 g WEIZENMEHL
1 GESTR. TL BACKPULVER
200 g GROB GEHACKTE, WEISSE SCHOKOLADE
1 EL WEIZENMEHL
30 g KAKAOPULVER
1 EL MILCH

WHITE-CHOCOLATE-COOKIES *(ETWA 50 STÜCK – FOTO)*

1. Für den Teig die Butter oder Margarine mit Handrührgerät mit Rührbesen auf höchster Stufe schaumig rühren. Nach und nach braunen Zucker, Zucker, Vanillezucker unterrühren, so lange rühren, bis eine gebundene Masse entstanden ist. Eier nach und nach unterrühren (jedes Ei etwa ½ Minute).

2. Das Mehl mit Backpulver mischen und portionsweise unterrühren. Den Teig halbieren. Unter die eine Teighälfte die Hälfte der Schokolade und Mehl rühren. Unter den restlichen Teig Kakao, Milch und die restliche Schokolade rühren.

3. Den Teig in walnussgroßen Häufchen mit Hilfe von 2 Teelöffeln auf gefettete, mit Backpapier belegte Backbleche setzen. Zwischen den Häufchen etwa 4 cm Abstand lassen, da der Teig etwas auseinander läuft, backen.

Ober-/Unterhitze: etwa 200 °C (vorgeheizt, mittlere Einschubleiste)
Heißluft: etwa 180 °C (vorgeheizt)
Gas: etwa Stufe 4 (vorgeheizt)
Backzeit: etwa 10 Minuten.

4. Die Cookies auf einem Kuchenrost erkalten lassen. Die Cookies halten sich in gut schließenden Dosen etwa 4 Wochen.

DIE ZUTATEN:

FÜR DEN RÜHRTEIG:
150 g BUTTER ODER MARGARINE
150 g BRAUNER ZUCKER (KANDISFARIN)
1 PCK. BOURBON-VANILLEZUCKER
2 EIER (GRÖSSE M)
200 g WEIZENMEHL
1 GESTR. TL BACKPULVER
100 g GEHACKTE HASELNUSSKERNE
100 g SCHOKOLADENTROPFEN ODER GROB GEHACKTE, DUNKLE SCHOKOLADE

CHOCOLATE-CHIP-COOKIES

(ETWA 50 STÜCK – FOTO)

1. Für den Teig Butter oder Margarine mit dem Handrührgerät mit Rührbesen auf höchster Stufe geschmeidig rühren. Nach und nach Zucker und Vanillezucker unterrühren, so lange rühren, bis eine gebundene Masse entstanden ist. Die Eier nach und nach unterrühren (jedes Ei etwa ½ Minute).

2. Das Mehl mit dem Backpulver mischen und portionsweise auf mittlerer Stufe unterrühren. Die Haselnüsse und die Schokolade unterrühren.

3. Von dem Teig mit 2 Teelöffeln walnussgroße Häufchen auf gefettete, mit Backpapier belegte Backbleche setzen. Zwischen den Häufchen etwa 4 cm Abstand lassen, da der Teig etwas auseinander läuft, backen.

Ober-/Unterhitze: etwa 200 °C (vorgeheizt, mittlere Einschubleiste)
Heißluft: etwa 180 °C (vorgeheizt)
Gas: etwa Stufe 4 (vorgeheizt)
Backzeit: etwa 10 Minuten.

4. Die Cookies auf einem Kuchenrost erkalten lassen. Die Cookies halten sich in gut schließenden Dosen etwa 4 Wochen.

FÜR DEN KNETTEIG:
250 g WEIZENMEHL
1 MSP. BACKPULVER
65 g ZUCKER
1 PCK. VANILLIN-ZUCKER
1 EIGELB (GRÖSSE M)
½ FLÄSCHCHEN RUM-
AROMA
ABGERIEBENE SCHALE
VON 1 ORANGE
(UNBEHANDELT)
125 g BUTTER ODER
MARGARINE

FÜR DIE FÜLLUNG:
100 g GEMAHLENE HASEL-
NUSSKERNE
50 g ZUCKER
½ FLÄSCHCHEN RUM-
AROMA
1 ½ EIWEISS (GRÖSSE M)
ETWA 2 EL ORANGENSAFT
40 g KORINTHEN

½ VERSCHLAGENES
EIWEISS (GRÖSSE M)
1 EIGELB (GRÖSSE M)
1 EL MILCH

Tipp:
Nach Belieben zusätz-
lich etwas gemahlenen
Zimt in die Füllung
geben. Die Dreispitze
sind etwa 4 Wochen
haltbar.

DREISPITZE

1. Für den Teig das Mehl mit Backpulver mischen und in eine Rührschüssel sieben. Zucker, Vanillin-Zucker, Eigelb, Rum-Aroma hineingeben, etwa die Hälfte der Orangenschale und Butter oder Margarine hinzufügen.

2. Die Zutaten mit dem Handrührgerät mit Knethaken zunächst kurz auf niedrigster, dann auf höchster Stufe gut durcharbeiten. Anschließend auf der Arbeitsfläche zu einem glatten Teig verkneten, sollte er kleben, ihn eine Zeit lang kalt stellen.

3. Für die Füllung Haselnüsse mit der restlichen Orangenschale, Zucker, Rum-Aroma, Eiweiß und Orangensaft zu einer geschmeidigen Masse verrühren. Die Korinthen unterrühren.

4. Den Teig dünn ausrollen, Kreise (Ø etwa 4 cm) ausstechen, mit Eiweiß bestreichen und je ein etwa haselnussgroßes Häufchen von der Füllung darauf setzen. Den Teigrand jeweils leicht anheben, an drei Stellen so an die Füllung drücken, dass ein „Dreispitz" entsteht und die Teigstücke auf mit Backpapier belegte Backbleche legen.

5. Das Eigelb mit der Milch verschlagen und die Teigstücke sorgfältig damit bestreichen, backen.

Ober-/Unterhitze: etwa 200 °C (vorgeheizt)
Heißluft: etwa 180 °C (vorgeheizt)
Gas: etwa Stufe 4 (vorgeheizt)
Backzeit: etwa 15 Minuten.

6. Das Gebäck vom Backblech lösen und auf einem Kuchenrost erkalten lassen.

MANDELHÖRNCHEN

DIE ZUTATEN:

FÜR DEN KNETTEIG:
250 g WEIZENMEHL
1 MSP. BACKPULVER
125 g ZUCKER
1 PCK. VANILLIN-ZUCKER
3 EIGELB (GRÖSSE M)
200 g WEICHE BUTTER
ODER MARGARINE
125 g ABGEZOGENE,
GEMAHLENE MANDELN

VERSCHLAGENES EIWEISS
125 g ABGEZOGENE,
GEHOBELTE MANDELN

1. Für den Teig das Mehl mit Backpulver mischen und in eine Rührschüssel sieben. Zucker, Vanillin-Zucker, Eigelb, Butter oder Margarine und Mandeln hinzufügen.

2. Die Zutaten mit dem Handrührgerät mit Knethaken zunächst kurz auf niedrigster, dann auf höchster Stufe gut durcharbeiten, anschließend auf der Arbeitsfläche zu einem glatten Teig verkneten.

3. Aus dem Teig gut bleistiftdicke Rollen formen, nach oben etwas spitz drücken und in etwa 6 cm lange Stücke schneiden. Die Stücke mit dem Eiweiß bestreichen und von beiden Seiten in die Mandeln drücken.

4. Die Teigstücke zu Hörnchen formen und auf mit Backpapier belegte Backbleche setzen, backen.

Ober-/Unterhitze: 180–200 °C (vorgeheizt)
Heißluft: 160–180 °C (vorgeheizt)
Gas: Stufe 3–4 (vorgeheizt)
Backzeit: 12–15 Minuten.

5. Das Gebäck auf einem Kuchenrost erkalten lassen.

Abwandlung: Anstelle der Mandeln können auch Haselnüsse oder Kokosraspel verwendet werden. Nach Belieben die Hörnchen zusätzlich mit aufgelöster Halb-bitter-Kuvertüre besprenkeln.

Tipp:
Die Mandelhörnchen sind
3-4 Wochen haltbar.

DIE ZUTATEN:

**FÜR DEN RÜHR-
KNET-TEIG:**

125 g HONIG

200 g ZUCKER

1 PCK. VANILLIN-ZUCKER

150 g BUTTER ODER
MARGARINE

4 EL MILCH

3 TROPFEN BITTER-
MANDEL-AROMA

1 PCK. LEBKUCHEN-
GEWÜRZ

400 g WEIZENMEHL

2 GESTR. EL KAKAO-
PULVER

100 g SPEISESTÄRKE

1 PCK. BACKPULVER

FÜR DEN GUSS:

200 g GESIEBTER PUDER-
ZUCKER

2–3 EL ZITRONENSAFT

EVTL. SPEISEFARBE

LEBKUCHENSTERNE *(Foto)*

1. Für den Teig den Honig mit Zucker, Vanillin-Zucker, Butter oder Margarine und Milch langsam erwärmen, bis sich Honig und Zucker aufgelöst haben, in eine Rührschüssel geben und abkühlen lassen.

2. Unter die fast erkaltete Masse mit dem Handrührgerät mit Rührbesen auf höchster Stufe Bittermandel-Aroma und Lebkuchengewürz rühren. Das Mehl, Kakao, Speisestärke und Backpulver mischen, sieben und ⅔ davon portionsweise auf mittlerer Stufe unterrühren. Den Rest auf der Arbeitsfläche unterkneten. Sollte der Teig kleben, noch etwas Mehl hinzugeben.

3. Den Teig etwa ½ cm dick ausrollen, die Sterne ausstechen und auf gefettete, mit Backpapier belegte Backbleche legen, backen.

Ober-/Unterhitze: 180–200 °C (vorgeheizt), **Heißluft:** 160–180 °C (vorgeheizt) **Gas:** Stufe 3–4 (vorgeheizt), **Backzeit:** 10–15 Minuten.

4. Für den Guss den Puderzucker und den Zitronensaft zu einer dickflüssigen, spritzfähigen Masse verrühren, nach Belieben mit Speisefarbe einfärben und in ein Papiertütchen füllen. Die Sterne mit dem Guss verzieren und trocknen lassen. Die Lebkuchensterne sind etwa 4 Wochen haltbar.

DIE ZUTATEN:

**FÜR DIE MAKRONEN-
MASSE:**

3 EIWEISS (GRÖSSE M)

200 g FEINKÖRNIGER
ZUCKER

1 PCK. VANILLIN-ZUCKER

125 g GERASPELTE
ZARTBITTER-SCHOKOLADE

250 g ABGEZOGENE,
GEHACKTE MANDELN

SCHOKOLADENMAKRONEN

1. Das Eiweiß mit dem Handrührgerät mit Rührbesen auf höchster Stufe steif schlagen. Zucker und Vanillin-Zucker unterschlagen. Die Schokolade mit den Mandeln mischen und vorsichtig unter den Eischnee heben (nicht rühren).

2. Den Teig in Häufchen auf mit Backpapier belegte Backbleche setzen, backen.

Ober-/Unterhitze: 130–150 °C (vorgeheizt), **Heißluft:** 110–130 °C (vorgeheizt) **Gas:** Stufe 1–2 (vorgeheizt), **Backzeit:** etwa 25 Minuten.

3. Die Makronen vom Blech nehmen (sie müssen innen noch weich sein, da sie während der Abkühlzeit nachtrocknen) und auf einem Kuchenrost erkalten lassen. Nach dem Erkalten sofort in gut schließende Dosen verpacken. Die Makronen schmecken frisch am besten, sind aber 1–2 Wochen haltbar.

DIE ZUTATEN:

FÜR DEN BISKUITTEIG:
2 EIER (GRÖSSE M)
200 g ZUCKER
1 PCK. VANILLIN-ZUCKER
125 g WEIZENMEHL
125 g SPEISESTÄRKE
15 g GEMAHLENER ANISSAMEN

ANISPLÄTZCHEN

1. Für den Teig die Eier mit dem Handrührgerät mit Rührbesen auf höchster Stufe in 1 Minute schaumig schlagen. Zucker mit Vanillin-Zucker mischen, in 1 Minute einstreuen, dann noch etwa 2 Minuten schlagen.

2. Das Mehl mit der Speisestärke mischen, die Hälfte davon auf die Eiercreme sieben und kurz auf niedrigster Stufe unterrühren. Den Rest des Mehlgemisches mit Anis auf die gleiche Weise unterarbeiten.

3. Von dem Teig mit 2 Teelöffeln haselnussgroße Häufchen auf gefettete, mit Mehl bestäubte Backbleche setzen (genügend Zwischenraum lassen!).

4. Die Backbleche nebeneinander (nicht übereinander) stellen und die Teighäufchen über Nacht in einem warmen Raum trocknen lassen, danach die Backbleche in den Backofen schieben, backen.

Ober-/Unterhitze: 130–150 °C (vorgeheizt)
Heißluft: 110–130 °C (vorgeheizt)
Gas: Stufe 1–2 (vorgeheizt)
Backzeit: 20–25 Minuten.

5. Das Gebäck sofort vom Backblech lösen und auf einem Kuchenrost erkalten lassen.

Tipp:
Die Anisplätzchen sind bis zu 2 Wochen haltbar, trocknen aber etwas nach.

Schoko-Nuss-Sterne

1. Für den Teig das Ei, Eigelb, Zucker, Vanillin-Zucker, Salz und Kaffeepulver mit dem Handrührgerät mit Rührbesen auf höchster Stufe schaumig schlagen.

2. Die Schokolade unter die Eiermasse rühren. Die Haselnusskerne mit Backpulver mischen, ⅔ davon auf mittlerer Stufe unterrühren, den Rest unterkneten. Den Teig kalt stellen.

3. Für den Guss das Eiweiß steif schlagen. Den Puderzucker sieben und esslöffelweise unter den Eischnee schlagen. Evtl. Wasser unterschlagen, damit die Masse streichfähig ist.

4. Den Teig etwa ½ cm dick auf der leicht bemehlten Arbeitsfläche ausrollen. Sterne ausstechen und auf mit Backpapier belegte Backbleche legen. Die Sterne dick mit dem Guss bestreichen, backen.

Ober-/Unterhitze: etwa 140 °C (vorgeheizt)
Heißluft: etwa 120 °C (vorgeheizt)
Gas: etwa Stufe 2 (vorgeheizt)
Backzeit: 25–30 Minuten.

5. Das Gebäck vom Backblech lösen (es sollte sich auf der Unterseite noch etwas weich anfühlen) und auf einem Kuchenrost erkalten lassen.

DIE ZUTATEN:

FÜR DEN RÜHR-KNET-TEIG:
1 EI (GRÖSSE M)
1 EIGELB (GRÖSSE M)
125 g ZUCKER
1 PCK. VANILLIN-ZUCKER
1 PRISE SALZ
1 GEH. TL INSTANT-KAFFEEPULVER
60 g AUFGELÖSTE, ABGEKÜHLTE ZARTBITTER-SCHOKOLADE
ETWA 225 g HASELNUSS-KERNE
1 MSP. BACKPULVER

FÜR DEN GUSS:
1 EIWEISS (GRÖSSE M)
50 g PUDERZUCKER
EVTL. 2–3 TROPFEN WASSER

Tipp:
Nach Belieben zusätzlich 1 gestrichenen Teelöffel gemahlenen Zimt in den Teig geben und 1 gestrichenen Teelöffel gesiebtes Kakaopulver unter den Guss rühren. Die Schoko-Nuss-Sterne sind 3–4 Wochen haltbar.

DIE ZUTATEN:

FÜR DEN KNETTEIG:
250 g WEIZENMEHL
½ FLÄSCHCHEN BUTTER-
VANILLE-AROMA
2 PCK. VANILLIN-ZUCKER
1 BECHER (150 g)
CRÈME FRAÎCHE
175 g BUTTER

KONDENSMILCH
75 g HAGELZUCKER

Tipp:
Die Vanillemürbchen
schmecken am besten
frisch, sind aber
2-3 Wochen haltbar.

VANILLEMÜRBCHEN *(Foto)*

1. Für den Teig das Mehl in eine Rührschüssel sieben. Das Butter-Vanille-Aroma, Vanillin-Zucker, Crème fraîche und Butter hinzufügen. Die Zutaten mit dem Hand-rührgerät mit Knethaken zunächst kurz auf niedrigster, dann auf höchster Stufe gut durcharbeiten.

2. Anschließend auf der Arbeitsfläche zu einem glatten Teig verkneten, sollte er kleben, ihn eine Zeit lang kalt stellen.

3. Den Teig auf der leicht bemehlten Arbeitsfläche etwa ½ cm dick ausrollen, zunächst mit einer runden Form (Ø etwa 6 cm) ausstechen, die Teigplättchen mit einer kleineren Form (Ø etwa 4 cm) dann so ausstechen, dass Ringe entstehen.

4. Die Ringe mit der Kondensmilch bestreichen, mit Hagelzucker bestreuen und mit der unteren Seite auf gefettete Backbleche legen, backen.

Ober-/Unterhitze: etwa 200 °C (vorgeheizt), **Heißluft:** etwa 180 °C (vorgeheizt)
Gas: etwa Stufe 4 (vorgeheizt), **Backzeit:** etwa 15 Minuten.

5. Das Gebäck vom Backblech lösen und auf einem Kuchenrost erkalten lassen.

DIE ZUTATEN:

FÜR DEN KNETTEIG:
375 g WEIZENMEHL
1 GESTR. TL BACKPULVER
200 g ZUCKER
1 PCK. VANILLIN-ZUCKER
250 g BUTTER
125 g NICHT ABGEZOGENE,
GEMAHLENE MANDELN

125 g JOHANNISBEER-
GELEE

Tipp:
Die Spitzbuben sind etwa
2 Wochen haltbar.

SPITZBUBEN

1. Für den Teig Mehl mit Backpulver mischen und in eine Rührschüssel sieben. Zucker, Vanillin-Zucker, Butter und Mandeln hinzufügen. Die Zutaten mit dem Handrührgerät mit Knethaken zunächst kurz auf niedrigster, dann auf höchster Stufe gut durcharbeiten.

2. Anschließend auf der Arbeitsfläche zu einem glatten Teig verkneten. Sollte er kleben, ihn eine Zeit lang kalt stellen.

3. Den Teig dünn ausrollen, mit einer runden Form (Ø etwa 4 cm) ausstechen und auf gefettete Backbleche legen, backen.

Ober-/Unterhitze: etwa 200 °C (vorgeheizt)
Heißluft: etwa 180 °C (vorgeheizt)
Gas: etwa Stufe 4 (vorgeheizt)
Backzeit: etwa 10 Minuten.

4. Die Plätzchen vom Backblech lösen und auf einem Kuchenrost erkalten lassen. Die Hälfte der Plätzchen auf der Unterseite mit Johannisbeergelee bestreichen, die übrigen darauf legen und gut andrücken. Die Plätzchen in einer gut schließenden Dose aufbewahren.

FÜR DEN KNETTEIG:
300 g WEIZENMEHL
½ GESTR. TL BACK-
PULVER
100 g ZUCKER
1 PCK. VANILLIN-ZUCKER
3 EL MILCH
150 g BUTTER ODER
MARGARINE

FÜR DIE FÜLLUNG:
150 g DUNKLER
NUSS-NOUGAT

ETWA 50 g GEMAHLENE
HASELNUSSKERNE

Tipp:
Die Milch kann
auch durch Sherry
oder Weinbrand
ersetzt werden. Die
Kosakentaler sind
etwa 4 Wochen
haltbar.

KOSAKENTALER

1. Für den Teig das Mehl und Backpulver mischen und in eine Rührschüssel sieben. Zucker, Vanillin-Zucker, Milch und Butter oder Margarine hinzufügen. Die Zutaten mit dem Handrührgerät mit Knethaken zunächst kurz auf niedrigster, dann auf höchster Stufe gut durcharbeiten.

2. Anschließend auf der Arbeitsfläche zu einem glatten Teig verkneten. Sollte er kleben, ihn eine Zeit lang kalt stellen.

3. Den Teig auf der leicht bemehlten Arbeitsfläche dünn ausrollen, Kreise (Ø etwa 4 cm) ausstechen und auf gefettete Backbleche legen, backen.

Ober-/Unterhitze: etwa 200 °C (vorgeheizt)
Heißluft: etwa 180 °C (vorgeheizt)
Gas: etwa Stufe 4 (vorgeheizt)
Backzeit: 8–10 Minuten.

4. Die Plätzchen sofort vom Backblech lösen und auf einem Kuchenrost erkalten lassen.

5. Für die Füllung die Nuss-Nougatmasse in einem kleinen Topf im Wasserbad bei schwacher Hitze zu einer geschmeidigen Masse verrühren und die Hälfte der Plätzchen auf der Unterseite damit bestreichen.

6. Die restlichen Plätzchen mit der Unterseite darauf legen, gut andrücken und die herausgedrückte Füllung am Rand verstreichen. Dann die Plätzchen mit dem Rand durch die Haselnüsse rollen und die Füllung fest werden lassen.

„AUGEN"-TALER

1. Für den Teig das Mehl mit dem Backpulver mischen und in eine Rührschüssel sieben. Die übrigen Teigzutaten hinzufügen und mit dem Handrührgerät mit Knethaken zu einem Teig verarbeiten.

2. Anschließend auf der bemehlten Arbeitsfläche verkneten und in Klarsichtfolie gewickelt etwa 2 Stunden kalt stellen. Den gut durchgekühlten Teig nochmals auf der leicht bemehlten Arbeitsfläche durchkneten und dünn ausrollen. Mit einem runden Förmchen (Ø 7–8 cm) Plätzchen ausstechen. Die Hälfte der Plätzchen mit einer kleinen runden Form (Ø etwa 1 cm) so ausstechen, dass 3 Augen entstehen. Die Plätzchen auf mit Backpapier belegte Backbleche legen, backen.

Ober-/Unterhitze: etwa 200 °C (vorgeheizt)
Heißluft: etwa 180 °C (vorgeheizt)
Gas: etwa Stufe 4 (vorgeheizt)
Backzeit: 8–10 Minuten.

3. Die Plätzchen auf einem Kuchenrost auskühlen lassen.

4. Nach dem Erkalten die runden Plätzchen auf der Unterseite mit Konfitüre bestreichen. Die gelochten Plätzchen mit Puderzucker bestäuben und mit den runden Plätzchen zusammensetzen. Die Plätzchen sind etwa 2–3 Wochen haltbar.

DIE ZUTATEN:

FÜR DEN KNETTEIG:
250 g WEIZENMEHL
2 GESTR. TL BACKPULVER
100 g ZUCKER
1 PCK. VANILLIN-ZUCKER
1 PRISE SALZ
5 TROPFEN BUTTER-
VANILLE-AROMA
1 EI (GRÖSSE M)
125 g WEICHE BUTTER

ROTE KONFITÜRE
(HIMBEER-, ERDBEER-
UND JOHANNISBEER-
KONFITÜRE)
PUDERZUCKER

FÜR DEN RÜHRTEIG:
125 g BUTTER
100 g ZUCKER
1 PCK. VANILLIN-ZUCKER
1 EI (GRÖSSE M)
1 EIGELB (GRÖSSE M)
2 TROPFEN ZITRONEN-
AROMA
250 g WEIZENMEHL
3 GESTR. TL BACKPULVER

ZUM BESTREICHEN UND
BESTREUEN:
1 EIWEISS (GRÖSSE M)
1 TL ZUCKER
50 g ZITRONAT
50 g ABGEZOGENE,
GEHACKTE MANDELN
70 g KORINTHEN

WIENER KOLATSCHEN (FOTO)

1. Für den Teig die Butter mit dem Handrührgerät mit Rührbesen auf höchster Stufe geschmeidig rühren. Nach und nach Zucker, Vanillin-Zucker, Ei, Eigelb und Zitronen-Aroma unterrühren. Das Mehl mit Backpulver mischen, sieben und portionsweise auf mittlerer Stufe unterrühren.

2. Von dem Teig walnussgroße Häufchen auf gefettete, mit Mehl bestäubte Backbleche setzen. Das Eiweiß mit dem Zucker verschlagen und die Teighäufchen damit bestreichen.

3. Das Zitronat in feine Würfel schneiden, mit Mandeln und Korinthen mischen, auf die Teighäufchen streuen und leicht andrücken, backen.

Ober-/Unterhitze: 180–200 °C (vorgeheizt)
Heißluft: 160–180 °C (vorgeheizt)
Gas: Stufe 3–4 (vorgeheizt)
Backzeit: etwa 15 Minuten.

4. Die Kolatschen vom Backblech nehmen und auf einem Kuchenrost erkalten lassen. Die Wiener Kolatschen sind etwa 4 Wochen haltbar.

FÜR DEN TEIG:
3 EIWEISS (GRÖSSE M)
250 g GESIEBTER PUDER-
ZUCKER
1 PCK. VANILLIN-ZUCKER
3 TROPFEN
BITTERMANDEL-AROMA
1 TL GEMAHLENER ZIMT
275–325 g NICHT
ABGEZOGENE, GEMAHLENE
MANDELN
GESIEBTER PUDERZUCKER
EVTL. ETWAS WASSER

ZIMTSTERNE (ETWA 60 STÜCK)

1. Das Eiweiß mit dem Handrührgerät mit Rührbesen auf höchster Stufe so steif schlagen, dass ein Messerschnitt sichtbar bleibt. Den Puderzucker nach und nach unterrühren. Zum Bestreichen der Sterne 3 gehäufte Esslöffel der Masse abnehmen.

2. Vanillin-Zucker, Bittermandel-Aroma, Zimt und die Hälfte der Mandeln vorsichtig auf niedrigster Stufe unter die übrige Masse rühren, von dem Rest der Mandeln so viel unterkneten, dass der Teig kaum noch klebt.

3. Den Teig auf einer mit Puderzucker bestäubten Arbeitsfläche gut ½ cm dick ausrollen. Sterne ausstechen, auf mit Backpapier belegte Backbleche legen, mit der zurückgelassenen Eischneemasse bestreichen (der Guss muss sich glatt auf die Sterne streichen lassen, evtl. einige Tropfen Wasser unterrühren), backen.

Ober-/Unterhitze: 130–150 °C (vorgeheizt, unteres Drittel), **Heißluft:** 110–130 °C (vorgeheizt), **Gas:** Stufe 1–2 (vorgeheizt), **Backzeit:** 20–30 Minuten.

4. Das Gebäck vom Backblech lösen (es muss sich beim Herausnehmen auf der Unterseite noch etwas weich anfühlen) und auf einem Kuchenrost erkalten lassen. Die Zimtsterne am besten in Kartons aufbewahren. Sie halten sich 2–3 Wochen.

KONFEKT

*ORANGENBLÜTEN-
KONFEKT,
REZEPT SEITE 46*

**200 g MARZIPAN-
ROHMASSE
100 g GESIEBTER
PUDERZUCKER
1 TL GETROCKNETE
ORANGENSCHALE
50 g SEHR FEIN
GEHACKTES ORANGEAT
1–2 EL ORANGENLIKÖR
GESIEBTER PUDERZUCKER
100 g HALBBITTER-
KUVERTÜRE
ETWAS KOKOSFETT
2 EL PUDERZUCKER
1 EL ORANGENLIKÖR
ETWAS ORANGENSAFT
ETWA 30 ORANGEAT-
STÜCKCHEN**

DIE ZUTATEN:

**4 GETROCKNETE APFEL-
RINGE
3 EL CALVADOS
200 ml SCHLAGSAHNE
250 g HALBBITTER-
KUVERTÜRE
100 g KOKOSFETT
GROB GEHACKTE
PISTAZIENKERNE**

ORANGENBLÜTEN-KONFEKT

(ETWA 30 STÜCK – FOTO SEITE 44/45)

1. Die Marzipan-Rohmasse mit dem Puderzucker und der Orangenschale verkneten, gut ¼ der Masse in Alufolie wickeln, beiseite legen. Unter die restliche
Marzipanmasse das Orangeat und den Orangenlikör kneten, auf gesiebtem Puderzucker etwa 1 cm dick ausrollen, runde Plätzchen (Ø etwa 3 cm) ausstechen.

2. Die zurückgelassene Marzipan-Rohmasse dünn ausrollen, kleine Blüten
(Ø etwa 4 cm) ausstechen, in der Mitte etwas zusammendrücken, so dass eine
halbgeschlossene Blüte entsteht, etwas antrocknen lassen.

3. Die Halbbitter-Kuvertüre klein schneiden, mit etwas Kokosfett in einem kleinen
Topf im Wasserbad bei schwacher Hitze geschmeidig rühren. Die Marzipan-Plätzchen
ganz in die Kuvertüre tauchen, mit einer Gabel herausholen.

4. Die Kuvertüre am Gefäßrand etwas abstreifen, die Plätzchen auf Pergamentpapier
setzen. Den gesiebten Puderzucker mit dem Orangenlikör und Orangensaft zu einer
dickflüssigen Masse verrühren. Die Marzipan-Blüten damit bestreichen. In jede
Mitte ein Orangeat-Stückchen setzen, jeweils eine Blüte auf eine mit Kuvertüre
überzogene Marzipan-Praline setzen. Das Orangenblüten-Konfekt in Papiermanschetten setzen. Das Konfekt ist gut gekühlt etwa 2 Wochen haltbar.

CALVADOSPRALINEN *(FOTO)*

1. Die Apfelringe fein würfeln, mit dem Calvados übergießen und zugedeckt
3–4 Stunden ziehen lassen.

2. Die Sahne zum Kochen bringen, von der Kochstelle nehmen. Die Kuvertüre fein
schneiden, mit dem Kokosfett in die Sahne geben und unter Rühren auflösen. Die
Masse abkühlen lassen, bis sie halbfest ist.

3. Die Masse mit dem Handrührgerät mit Rührbesen cremig aufschlagen und die
Apfelstückchen mit dem Calvados unterrühren. Die Masse in einen Spritzbeutel mit
weiter Sterntülle oder Tüllenring geben, Tuffs in Pralinenförmchen spritzen, mit
Pistazien garnieren und kalt stellen. Gut gekühlt servieren.

Tipp:
*Nach dem Erstarren die Pralinen zusätzlich mit
aufgelöster, weißer oder dunkler Kuvertüre
besprenkeln. Gut gekühlt aufbewahrt sind die
Calvadospralinen etwa 3 Wochen haltbar.*

DIE ZUTATEN:

150 g BISKUITRESTE
ODER EIERPLÄTZCHEN
50 g ZERLASSENES
KOKOSFETT
3 EL RUM
3 EL WASSER
1 GEH. EL GESIEBTER
PUDERZUCKER
1 GESTR. EL GESIEBTES
KAKAOPULVER

50 g SCHOKOLADEN-
STREUSEL

RUMKUGELN

1. Die Biskuitreste oder die Eierplätzchen zerkrümeln und in eine Rührschüssel geben.

2. Kokosfett, Rum, Wasser, Puderzucker und Kakao hinzugeben und mit den Biskuitkrümeln mit dem Handrührgerät mit Rührbesen verrühren. Die Masse kalt stellen.

3. Aus der erkalteten Masse Kugeln formen, in Schokoladenstreuseln wälzen und wieder kalt stellen.

Tipp:
Gut gekühlt 3-4 Wochen haltbar.

PISTAZIEN-MARZIPAN-HERZEN

DIE ZUTATEN:

200 g MARZIPAN-ROH-MASSE

100 g GESIEBTER PUDER-ZUCKER

50 g GEMAHLENE PISTAZI-ENKERNE

1 EL KIRSCH- ODER MARILLENLIKÖR (APRIKOSENLIKÖR)

FÜR DEN GUSS:

150–200 g HALBBITTER-KUVERTÜRE

30 g WEISSE KUVERTÜRE

GEHACKTE PISTAZIEN-KERNE

1. Die Marzipan-Rohmasse mit Puderzucker, Pistazien und Likör mit dem Hand-rührgerät mit Knethaken verkneten.

2. Die Masse auf gesiebtem Puderzucker etwa 1 cm dick ausrollen und Herzen aus-stechen (die Ausstechförmchen jeweils vorher in Puderzucker tauchen). Die Mar-zipan-Herzen vorsichtig aus der Form drücken (an der Form haftende Marzipanreste entfernen) und mit Folie zugedeckt etwa 60 Minuten kalt stellen.

3. Für den Guss die Halbbitter-Kuvertüre zerkleinern und in einem kleinen Topf im Wasserbad bei schwacher Hitze zu einer geschmeidigen Masse verrühren. Die Mar-zipan-Herzen einzeln in die Kuvertüre tauchen, auf einer Gabel herausheben, dabei die Kuvertüre am Topfrand gut abstreifen, die Herzen auf Pergamentpapier setzen und den Guss fest werden lassen.

4. Die weiße Kuvertüre in einem kleinen Topf im Wasserbad bei schwacher Hitze zu einer geschmeidigen Masse verrühren, die Herzen mit Hilfe eines Teelöffels damit besprenkeln und mit Pistazien garnieren.

Tipp:
Gut gekühlt etwa 4 Wochen haltbar.

ORANGENTRÜFFEL *(FOTO)*

DIE ZUTATEN:

200 g ZARTBITTER-
SCHOKOLADE
125 g WEICHE BUTTER
125 g GESIEBTER
PUDERZUCKER
2–3 EL ORANGEN-
MARMELADE
75 g ABGEZOGENE,
GEHACKTE, GERÖSTETE
MANDELN
100 g SCHOKOLADEN-
RASPEL

1. Die Schokolade zerkleinern, in einem kleinen Topf im Wasserbad bei schwacher Hitze zu einer geschmeidigen Masse verrühren und abkühlen lassen (sie sollte noch flüssig, aber nicht warm sein).

2. Die Butter mit dem Handrührgerät mit Rührbesen auf höchster Stufe geschmeidig rühren. Den Puderzucker unterrühren. Die Schokolade und die Orangenmarmelade hinzufügen und gut verrühren. Die Masse einige Stunden in den Kühlschrank stellen.

3. Jeweils ¼ der Trüffelmasse aus dem Kühlschrank nehmen, mit einem Teelöffel kleine Stücke abstechen und zu Kugeln formen.

4. Die Hälfte der Trüffel in den Mandeln, die restlichen Trüffel in den Schokoladenraspeln wälzen. Gut gekühlt servieren.

Tipp:
Die Orangentrüffel können durch Zugabe von 1-2 Ess-löffeln Orangenlikör schnell verfeinert werden. In gut schließenden Dosen kühl aufbewahrt 3-4 Wochen haltbar.

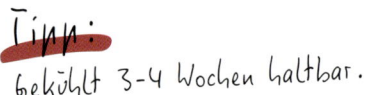

MANDELSPLITTERTRÜFFEL

DIE ZUTATEN:

125 g BUTTER
2 EL GESIEBTER PUDER-
ZUCKER
250 g HALBBITTER-
KUVERTÜRE
5 EL MANDELLIKÖR
50–75 g GERÖSTETE,
GESTIFTELTE MANDELN

FÜR DEN GUSS:
150 g VOLLMILCH-
KUVERTÜRE
30 g GERASPELTE, WEISSE
SCHOKOLADE

1. Die Butter und den Puderzucker mit dem Handrührgerät mit Rührbesen auf höchster Stufe cremig rühren. Die Halbbitter-Kuvertüre in Stücke brechen, in einem kleinen Topf im Wasserbad bei schwacher Hitze zu einer geschmeidigen Masse verrühren, abkühlen lassen (die Kuvertüre sollte flüssig, jedoch nicht mehr warm sein).

2. Den Mandellikör mit der Kuvertüre unter die Buttermasse rühren, die Masse in einen Spritzbeutel mit Lochtülle füllen und auf Pergamentpapier walnussgroße Häufchen spritzen. Auf jedes Häufchen einige Mandeln drücken und die Trüffel erkalten lassen.

3. Für den Guss die Vollmilch-Kuvertüre in einem kleinen Topf im heißen Wasserbad bei schwacher Hitze zu einer geschmeidigen Masse verrühren, die Trüffel damit überziehen und mit Schokoladenraspeln garnieren. Gut gekühlt servieren.

Tipp:
Gekühlt 3-4 Wochen haltbar.

165 g ZUCKER
1 EL BUTTER
1 EL SCHLAGSAHNE
75 g MARZIPAN-
ROHMASSE
85 g GERÖSTETE,
GESTIFTELTE MANDELN

FÜR DEN GUSS:
150 g VOLLMILCH-
KUVERTÜRE

KAKAOPULVER
PUDERZUCKER

KARAMELL-MANDEL-PRALINEN

1. Den Zucker in einem Topf unter Rühren schmelzen lassen, bis er hellbraun ist. Den Topf von der Kochstelle nehmen.

2. Die Butter und die Sahne unterrühren und die Masse nochmals leicht erhitzen. Die Marzipan-Rohmasse in kleine Würfel schneiden und mit den Mandeln unterrühren.

3. Die Masse etwa 1 cm dick auf ein mit Butter gefettetes Backblech streichen und erkalten lassen. Dann kleine Rechtecke von etwa 1 x 3 cm ausschneiden.

4. Für den Guss die Kuvertüre grob zerkleinern, in einem kleinen Topf im Wasserbad bei schwacher Hitze zu einer geschmeidigen Masse verrühren, die Pralinen damit überziehen und zuerst mit Kakao, dann mit Puderzucker bestäuben.

Tipp:
Zum Schneiden der Karamellmasse am besten ein feuchtes Messer verwenden. Gut verpackt sind die Karamell-Mandel-Pralinen 4-6 Wochen haltbar.

GRANATSPLITTER

1. Für den Teig das Mehl und Backpulver mischen und in eine Rührschüssel sieben. Zucker, Vanillin-Zucker, Rum-Aroma, Wasser und Butter hinzufügen. Die Zutaten mit dem Handrührgerät mit Knethaken zunächst kurz auf niedrigster, dann auf höchster Stufe gut durcharbeiten.

2. Anschließend auf der bemehlten Arbeitsfläche zu einem glatten Teig verkneten, sollte er kleben, ihn eine Zeit lang kalt stellen.

3. Den Teig dünn ausrollen, mit einer runden Form (Ø etwa 4 cm) etwa 45 Plätzchen ausstechen und den Teigrest zu Plätzchen ausrädern. Alle Teigplätzchen auf gefettete Backbleche legen, backen.

Ober-/Unterhitze: etwa 200 °C (vorgeheizt)
Heißluft: etwa 180 °C (vorgeheizt)
Gas: etwa Stufe 4 (vorgeheizt)
Backzeit: etwa 10 Minuten.

4. Für den Belag das Kokosfett zerlassen und abkühlen lassen. Puderzucker und Kakao mischen, in eine Rührschüssel sieben und Vanillin-Zucker, Rum-Aroma und Ei hinzufügen. Nach und nach das Kokosfett mit dem Handrührgerät mit Rührbesen unterrühren.

5. Die ausgeräderten Plätzchen in kleine Stücke brechen, mit den Mandeln unter die Kakaomasse rühren und die Masse bergförmig auf die runden Plätzchen streichen.

6. Die Kuvertüre in einem kleinen Topf im Wasserbad bei schwacher Hitze zu einer geschmeidigen Masse verrühren, die Granatsplitter mit der Oberseite eintauchen und kalt stellen, damit Belag und Guss fest werden. Gekühlt servieren.

DIE ZUTATEN:

FÜR DEN KNETTEIG:
150 g WEIZENMEHL
1 GESTR. TL BACKPULVER
50 g ZUCKER
1 PCK. VANILLIN-ZUCKER
1 FLÄSCHCHEN RUM-AROMA
2 EL WASSER
75 g KALTE BUTTER

FÜR DEN BELAG:
125 g KOKOSFETT
65 g PUDERZUCKER
25 g KAKAOPULVER
1 PCK. VANILLIN-ZUCKER
1 FLÄSCHCHEN RUM-AROMA
1 EI (GRÖSSE M)
75 g ABGEZOGENE, GESTIFTELTE MANDELN

ETWA 150 g HALBBITTER-KUVERTÜRE

125 ml (⅛ l) SCHLAG-
SAHNE
200 g VOLLMILCH-
KUVERTÜRE
50 g WEICHE BUTTER
100 g HASELNUSSMUS

ETWA 23 HASELNUSS-
KERNE

NUSSPRALINEN *(FOTO)*

1. Die Sahne zum Kochen bringen und von der Kochstelle nehmen. Die Kuvertüre zerkleinern und darin unter Rühren auflösen. Die Butter und das Haselnussmus unterrühren und die Masse im Kühlschrank halbfest werden lassen.

2. Die Masse dann mit dem Handrührgerät mit Rührbesen cremig schlagen, in einen Spritzbeutel mit gezackter Tülle füllen und Tuffs in Pralinenförmchen spritzen.

3. Die Haselnüsse halbieren, die Pralinen damit garnieren und kalt stellen. Die fest gewordenen Pralinen in gut schließenden Dosen kühl aufbewahren.

Tipp:
Haselnussmus ist im Reformhaus oder Naturkostladen erhältlich. Gut gekühlt sind die Nusspralinen etwa 3 Wochen haltbar.

DIE ZUTATEN:

200 g NUSS-NOUGAT-
MASSE
1 PCK. BOURBON-
VANILLEZUCKER
1 EL ORANGENBLÜTEN-
ODER ROSENWASSER
25 ABGEZOGENE
MANDELN

PUDERZUCKER
150 g WEISSE KUVERTÜRE
75 g KOKOSRASPEL

SCHNEEBÄLLCHEN

1. Die Nuss-Nougatmasse im Wasserbad geschmeidig rühren. Den Bourbon-Vanille-zucker und Orangenblüten- oder Rosenwasser unterrühren.

2. Die Masse in 25 Stücke teilen, in jedes jeweils 1 von den Mandeln drücken. Aus der Masse Kugeln formen (dazu Hände mit Puderzucker bestäuben) und kalt stellen.

3. Die Kuvertüre zerkleinern und in einem kleinen Topf im Wasserbad bei schwacher Hitze zu einer geschmeidigen Masse verrühren. Die Kugeln mit Hilfe einer Gabel hineintauchen und sofort in Kokosraspeln wenden. In Pralinenförmchen anrichten und gekühlt servieren.

Tipp:
Nach Belieben anstelle von ganzen Mandeln 50 g abgezogene, gehackte Mandeln unter die Nougatmasse arbeiten. Gut gekühlt aufbewahrt sind die Schneebällchen 3-4 Wochen haltbar.

DIE ZUTATEN:

75 g WEICHE BUTTER
**75 g GESIEBTER PUDER-
ZUCKER**
1 PCK. VANILLIN-ZUCKER
**200 g ZARTBITTER-
SCHOKOLADE**
**100 g GEMAHLENE
HASELNUSSKERNE**

NUSSTRÜFFEL

1. Die Butter mit dem Handrührgerät mit Rührbesen geschmeidig rühren, Puderzucker und Vanillin-Zucker unterrühren.

2. Die Schokolade zerkleinern, in einem kleinen Topf im Wasserbad bei schwacher
Hitze zu einer geschmeidigen Masse verrühren und abkühlen lassen (sie sollte noch
flüssig, aber nicht warm sein).

3. Die Schokolade dann unter die Butter-Zucker-Masse rühren. Etwa ⅔ der Haselnüsse hinzufügen und die Masse eine Zeit lang kalt stellen.

4. Aus der Masse kleine Kugeln formen und in den restlichen Haselnüssen wälzen.
Gekühlt servieren.

Tipp:
Wenn die Haselnusskerne vorher in einer Pfanne ohne
Fett angeröstet werden, wird das Aroma intensiver.
Nach Belieben 1-2 Esslöffel Nusslikör zusammen mit
den Nüssen hinzufügen. Die Nusstrüffel in Cello-
phantüten verpacken oder in verschlossenen Glas- oder
Porzellangefäßen kühl aufbewahren.

SCHOKO-WALNUSS-KONFEKT

(FÜR ETWA 50 METALLPRALINENFÖRMCHEN)

1. Für die Schoko-Walnuss-Masse die Sahne aufkochen, die Schokolade in kleinen Stücken zufügen und auflösen. Die Masse kalt stellen.

2. Die Walnusskerne in einer Pfanne ohne Fett rösten und abkühlen lassen.

3. Die Schokoladen-Sahne-Masse mit dem Handrührgerät mit Rührbesen etwa 3 Minuten lang aufschlagen. Den Honig, Eierlikör und die Walnüsse (3 TL zum Garnieren zurücklassen) zugeben und unterrühren.

4. Die Masse in einen Spritzbeutel mit großer Lochtülle füllen und in die Metallpralinenförmchen spritzen.

5. Die restlichen Walnusskerne und Schokospäne aufstreuen und bis zum Verzehr kalt stellen.

DIE ZUTATEN:

200 ml **SCHLAGSAHNE**
100 g **ZARTBITTER-SCHOKOLADE**
100 g **VOLLMILCH-SCHOKOLADE**
50 g **FEIN GEHACKTE WALNUSSKERNE**
2 EL **HONIG**
2 EL **EIERLIKÖR**
SCHOKOSPÄNE

Tipp:
In gut schließenden Dosen kühl aufbewahrt etwa 2 Wochen haltbar.

DIE ZUTATEN:

200 g DUNKLE NUSS-NOUGATMASSE
100 g HELLE NUSS-NOUGATMASSE
ETWA 13 UNABGEZOGENE MANDELN

Tipp:
In gut schließenden
Dosen (zwischen jede
Pralinen-Schicht Alufolie
legen) kühl aufbewahrt
etwa 4 Wochen haltbar.

SCHICHT-NOUGAT-PRALINEN
(FOTO)

1. Die dunkle Nuss-Nougatmasse in einem kleinen Topf im Wasserbad bei schwacher Hitze zu einer geschmeidigen Masse verrühren, die Hälfte der Masse zu einem Rechteck von 12 x 14 cm auf Alufolie streichen, im Kühlschrank fest werden lassen.

2. Die helle Nuss-Nougatmasse in einem kleinen Topf im Wasserbad bei schwacher Hitze zu einer geschmeidigen Masse verrühren, auf die dunkle Nuss-Nougatmasse geben, glatt streichen und im Kühlschrank fest werden lassen.

3. Von der restlichen dunklen Nuss-Nougatmasse 2 Teelöffel in ein Papiertütchen geben, die übrige Masse auf die helle Nuss-Nougatmasse streichen. Die Mandeln längs halbieren, die Mandelhälften darauf verteilen, mit der Nuss-Nougatmasse aus dem Tütchen verzieren und im Kühlschrank fest werden lassen.

4. Die Masse so in Rechtecke schneiden, dass jeweils eine Mandelhälfte in der Mitte jeder Praline liegt. Gut gekühlt servieren.

DIE ZUTATEN:

1 VANILLESCHOTE
125 ml (¹/₈ l) SCHLAGSAHNE
300 g VOLLMILCH-KUVERTÜRE
30 g WEICHE BUTTER
50 g GESIEBTER PUDERZUCKER
20 g KAKAOPULVER

SAHNEKONFEKT

1. Die Vanilleschote aufschlitzen, in die Sahne geben, kurz aufkochen lassen und von der Kochstelle nehmen. Die Schote herausnehmen, auskratzen und das Mark hinzufügen. Die Kuvertüre zerkleinern, hinzugeben und so lange rühren, bis eine einheitliche Masse entstanden ist. Die Masse in eine Schüssel geben, kalt stellen.

2. Die fest gewordene Masse mit der Butter mit dem Handrührgerät mit Rührbesen hellcremig schlagen und nochmals so lange kalt stellen, bis sie wieder fest geworden ist.

3. Aus der Masse kleine Kugeln formen, in Puderzucker wälzen und mit Kakao bestäuben. Das Sahnekonfekt in Pralinenförmchen geben und gekühlt servieren.

Tipp:
kühl aufbewahrt etwa 2 Wochen haltbar.

FÜR DIE MANDELMASSE:
1 EIWEISS (GRÖSSE M)
200 g ABGEZOGENE,
GEMAHLENE MANDELN
125 g PUDERZUCKER
1 TL SPEISESTÄRKE
ETWAS EIWEISS
100 g ABGEZOGENE,
HALBIERTE MANDELN

ZUM BESTREICHEN:
1 EIGELB (GRÖSSE M)
1 EL WASSER

BETHMÄNNCHEN

1. Für die Mandelmasse das Eiweiß mit dem Handrührgerät mit Rührbesen steif schlagen. Mandeln, Puderzucker und Speisestärke kurz unterrühren. Aus der Masse walnussgroße Kugeln formen und mit verquirltem Eiweiß bestreichen.

2. An jede Kugel 3 Mandelhälften drücken, so dass die Kugeln spitz nach oben zulaufen. Die Bethmännchen auf ein mit Backpapier belegtes Backblech setzen und über Nacht trocknen lassen.

3. Das Eigelb und das Wasser verschlagen und die Bethmännchen damit bestreichen. Das Backblech in den Backofen schieben.

Ober-/Unterhitze: etwa 180 °C (vorgeheizt, mittlere Einschubleiste)
Heißluft: etwa 160 °C (vorgeheizt)
Gas: etwa Stufe 3 (vorgeheizt)
Backzeit: etwa 15 Minuten.

4. Die Bethmännchen auf einem Kuchenrost erkalten lassen.

Tipp:

Nach Belieben zusätzlich 1 Esslöffel Rosenwasser (Apotheke) in die Masse geben. Für die Bethmännchen gekaufte gemahlene Mandeln verwenden, denn selbst gemahlene Mandeln sind nicht fein genug und bringen frisch gemahlen zuviel Fett in die Masse, so dass die Bethmännchen breitlaufen.

PETITS FOURS „SINE"

1. Für die Füllung den Frischkäse mit der Marmelade, dem Orangensaft und -likör und Safran mit dem Handrührgerät mit Rührbesen zu einer glatten Masse verrühren.

2. Die Orangenplätzchen mit der Creme zusammensetzen (jeweils 6 Kekse für 1 Petit Four).

3. Für den Guss den Puderzucker mit dem Orangensaft und -likör glatt rühren. Den Safran unterrühren, die Petits Fours damit überziehen und mit Orangeatwürfeln garnieren.

Verpackungstipp: Die Petits Fours in kleine Papiermanschetten setzen und in einen kleinen, grob geflochtenen Drahtkorb geben. Den Korb mit silbernem Geschenkband und Glöckchen verzieren.

Tipp:
Die Petits Fours „Sine" möglichst schnell verzehren. In gut verschließenden Dosen kühl aufbewahrt etwa 2 Tage haltbar.

DIE ZUTATEN:

FÜR DIE FÜLLUNG:
200 g DOPPELRAHM-
FRISCHKÄSE
2 EL ORANGEN-
MARMELADE
2 EL FRISCH GEPRESSTER
ORANGENSAFT
1 EL ORANGENLIKÖR
1 PRISE SAFRAN
1 PCK. (125 g) ORANGEN-
PLÄTZCHEN

FÜR DEN GUSS:
200 g GESIEBTER PUDER-
ZUCKER
3 EL FRISCH GEPRESSTER
ORANGENSAFT
1 EL ORANGENLIKÖR
1 PRISE SAFRAN

ZUM GARNIEREN:
ORANGEATWÜRFEL

KLEINGEBÄCK

BREZELN MIT PUSCH-
AUFSTRICH,
REZEPT SEITE 64

250 ml (¼ l)
FRISCH GEPRESSTER
ORANGENSAFT
500 ml (½ l) ROTER
TRAUBENSAFT
(UNGESÜSST)
400 g BRAUNER ZUCKER
1 BEUTEL GELFIX 2+1
SAFT 1 ZITRONE
3 GEWÜRZNELKEN
8 TROPFEN RUM-AROMA

FÜR DEN HEFETEIG:
300 g WEIZENMEHL
1 PCK. TROCKENHEFE
50 g ZUCKER
100 ml LAUWARME
SCHLAGSAHNE
100 ml LAUWARME MILCH
50 g ZERLASSENE,
ABGEKÜHLTE BUTTER

1 EL KONDENSMILCH
50 g HAGELZUCKER ODER
GEHACKTE MANDELN

DIE ZUTATEN:

150 g BUTTER
50 g HONIG
150 g ZUCKER
1 PCK. VANILLIN-ZUCKER
3 GESTR. TL LEBKUCHEN-
GEWÜRZ, SALZ
4 EIER (GRÖSSE M)
350 g WEIZENMEHL
4 GESTR. TL BACKPULVER
250 ml (¼ l) MILCH
PUDERZUCKER

BREZELN MIT PUNSCH-AUFSTRICH *(FOTO SEITE 62/63)*

1. Für den Punschaufstrich den Orangensaft durch ein Sieb gießen und mit dem Traubensaft in einen Kochtopf geben. Von der abgewogenen Zuckermenge 2 Esslöffel abnehmen, erst mit Gelfix 2+1 mischen, dann mit dem Saft und Zitronensaft verrühren. Das Kochgut unter ständigem Rühren bei starker Hitze zum Kochen bringen. Sobald alles unter ständigem Rühren durch und durch sprudelnd kocht, den restlichen Zucker und die Gewürznelken zufügen.

2. Alles unter ständigem Rühren wieder zum Kochen bringen, mindestens 1 Minute unter ständigem Rühren kochen lassen und von der Kochstelle nehmen. Das Rum-Aroma zugeben. Das Kochgut evtl. abschäumen, die Gewürznelken entfernen. Den Punsch sofort randvoll in vorbereitete Gläser mit Twist-off-Deckeln® füllen, verschließen, umdrehen und etwa 5 Minuten auf dem Deckel stehen lassen.

3. Für den Teig das Mehl in eine Rührschüssel sieben, mit der Hefe sorgfältig vermischen. Die übrigen Zutaten hinzufügen, mit dem Handrührgerät mit Knethaken zunächst auf niedrigster, dann auf höchster Stufe in etwa 5 Minuten zu einem Teig verarbeiten. Den Teig abgedeckt so lange an einem warmen Ort gehen lassen, bis er sich sichtbar vergrößert hat.

4. Den gegangenen Teig auf der leicht mit Mehl bestäubten Arbeitsfläche nochmals kurz durchkneten und portionsweise zu bleistiftdünnen etwa 30 cm langen Rollen formen. Die Rollen zu Brezeln schlingen, mit Kondensmilch bestreichen, mit Hagelzucker oder Mandeln bestreuen und auf mit Backpapier belegte Backbleche legen, backen.

Ober-/Unterhitze: etwa 200 °C (vorgeheizt) ,**Heißluft:** etwa 180 °C (vorgeheizt)
Gas: etwa Stufe 4 (vorgeheizt), **Backzeit:** etwa 30 Minuten.

5. Die Brezeln vom Backblech nehmen und auf einem Kuchenrost erkalten lassen. Die Brezeln mit dem Punschaufstrich servieren.

LEBKUCHENWAFFELN
(12 STÜCK–FOTO)

1. Für den Teig die Butter mit dem Handrührgerät mit Rührbesen auf höchster Stufe schaumig rühren. Nach und nach Honig, Zucker, Vanillin-Zucker, Lebkuchengewürz und Salz unterrühren. Die Eier nach und nach unterrühren (jedes Ei etwa ½ Minute).

2. Das Mehl mit dem Backpulver mischen und portionsweise abwechselnd mit Milch unterrühren. Den Teig portionsweise in einem gefetteten Waffeleisen goldbraun ausbacken und mit Puderzucker bestäubt servieren.
Beilage: Walnusseis und Zimtpflaumen.

DIE ZUTATEN:

FÜR DEN RÜHRTEIG:
150 g BUTTER ODER
MARGARINE
100 g ZUCKER
1 PCK. VANILLIN-ZUCKER
2 EIER (GRÖSSE M)
200 g WEIZENMEHL
2 GESTR. TL BACKPULVER
25 g KAKAOPULVER
100 g RASPEL-
SCHOKOLADE

**FÜR DEN
GLÜHWEINSIRUP:**
250 ml (¼ l)
TROCKENER ROTWEIN
125 g ZUCKER
1 ZIMTSTANGE
1 PCK. ORANGENFRUCHT
ETWAS NELKE UND
KARDAMOM
(BEIDES GEMAHLEN)

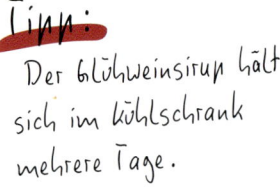

Tipp:
Der Glühweinsirup hält
sich im Kühlschrank
mehrere Tage.

SCHOKO-MUFFINS

1. Für den Teig die Butter oder Margarine mit dem Handrührgerät mit Rührbesen auf höchster Stufe geschmeidig rühren. Nach und nach Zucker und Vanillin-Zucker unterrühren, so lange rühren, bis eine gebundene Masse entstanden ist. Die Eier nach und nach unterrühren (jedes Ei etwa ½ Minute).

2. Das Mehl mit Backpulver und Kakao mischen, sieben und portionsweise unterrühren. Die Raspelschokolade unterrühren. Den Teig in gefettete, gemehlte Muffinsformen (Muffinsblech mit 12 Löchern) füllen. Das Blech auf dem Rost in den Backofen schieben.

Ober-/Unterhitze: etwa 180 °C (vorgeheizt)
Heißluft: etwa 160 °C (vorgeheizt)
Gas: etwa Stufe 3 (vorgeheizt)
Backzeit: etwa 25 Minuten.

3. Die Muffins 10 Minuten in der Form stehen lassen, dann lösen und auf einem Kuchenrost erkalten lassen.

4. Für den Glühweinsirup Rotwein, Zucker, Zimtstange, Orangenfrucht, Nelken und Kardamom in einen breiten Kochtopf geben, zum Kochen bringen und etwa 10 Minuten bei schwacher Hitze einköcheln lassen. Den Sirup erkalten lassen und zu den Muffins reichen.

GLÜHWEINMUFFINS

1. Für den Teig die Butter oder Margarine mit dem Handrührgerät mit Rührbesen auf höchster Stufe schaumig rühren. Nach und nach Zucker, Vanillezucker, Orangenfrucht und Gewürze unterrühren, so lange rühren, bis eine gebundene Masse entstanden ist. Eier nach und nach unterrühren (jedes Ei etwa ½ Minute).

2. Das Mehl mit der Speisestärke und dem Backpulver mischen, sieben und abwechselnd portionsweise mit Glühwein unterrühren. Die Kuvertüre unterrühren.

3. Den Teig in gefettete, gemehlte Muffinsformen (Muffinsblech mit 12 Löchern) füllen. Das Blech auf dem Rost in den Backofen schieben.

Ober-/Unterhitze: etwa 180 °C (vorgeheizt), **Heißluft:** etwa 160 °C (vorgeheizt) **Gas:** etwa Stufe 3 (vorgeheizt), **Backzeit:** etwa 25 Minuten.

4. Die Muffins 10 Minuten in der Form stehen lassen, dann lösen und auf einem Kuchenrost erkalten lassen.

5. Nach Belieben Streifen oder beliebige Schablonen (z.B. Sterne) aus Papier ausschneiden, auf die Muffins legen und mit Puderzucker bestäuben.

Abwandlung: Unter den Muffinsteig zusätzlich 150 g klein gewürfelte, getrocknete Pflaumen heben. 50 g gesiebten Puderzucker mit 1–2 Esslöffeln Glühwein zu einer dickflüssigen Masse verrühren und die Muffins mit Hilfe eines Teelöffels mit dem Glühweinguss besprenkeln.

DIE ZUTATEN:

FÜR DEN RÜHRTEIG:
250 g BUTTER ODER MARGARINE
250 g ZUCKER
1 PCK. BOURBON-VANILLEZUCKER
1 PCK. ORANGENFRUCHT
JE 1 MSP. ZIMT, NELKE, KARDAMOM (ALLES GEMAHLEN)
4 EIER (GRÖSSE M)
200 g WEIZENMEHL
50 g SPEISESTÄRKE
3 GESTR. TL BACKPULVER
125 ml (⅛ l) GLÜHWEIN
100 g AUFGELÖSTE, ABGEKÜHLTE HALBBITTER-KUVERTÜRE

PUDERZUCKER

FÜR DEN ALL-IN-TEIG:
300 g WEIZENMEHL
1 PCK. BACKPULVER
300 g ZUCKER
1 PCK. VANILLIN-ZUCKER
1 PCK. ORANGENFRUCHT
½ TL GEMAHLENER ZIMT
4 EIER (GRÖSSE M)
200 g WEICHE BUTTER
ODER MARGARINE
200 ml KALTER CAPPUCCI-
NO ODER STARKER KAFFEE
100 g GEMAHLENE HASEL-
NUSSKERNE
100 g GEHACKTE HASEL-
NUSSKERNE
100 g ZARTBITTER-
RASPELSCHOKOLADE

**ZUM GARNIEREN UND
VERZIEREN:**
100 g MARZIPAN-ROH-
MASSE
30 g ZUCKER
50 g HALBBITTER-
KUVERTÜRE

Tipp:
Noch schneller geht es,
wenn das Gebäck an-
stelle der Marzipansterne
mit einem Puderzucker-
Zimt-Gemisch bestäubt
wird.

NUSS-CAPPUCCINO-ECKEN

1. Für den Teig alle Zutaten in eine Rührschüssel geben und mit dem Handrührgerät mit Rührbesen auf höchster Stufe in 2 Minuten zu einem glatten Teig verarbeiten.

2. Einen Backrand (30 x 40 cm) auf ein gefettetes Backblech stellen, den Teig hineingeben und glatt streichen. Das Backblech in den Backofen schieben.

Ober-/Unterhitze: etwa 180 °C (vorgeheizt, unteres Drittel)
Heißluft: etwa 160 °C (vorgeheizt)
Gas: etwa Stufe 3 (vorgeheizt)
Backzeit: etwa 25 Minuten.

3. Das Gebäck auf einem Kuchenrost erkalten lassen. Das erkaltete Gebäck in Rauten oder Dreiecke schneiden.

4. Marzipan-Rohmasse zwischen Folie (oder einem aufgeschnittenem Gefrierbeutel) knapp ½ cm dick ausrollen, kleine Sterne ausstechen und in Zucker wenden.

5. Die Kuvertüre in einem kleinen Topf im Wasserbad bei schwacher Hitze zu einer geschmeidigen Masse verrühren und die Gebäckrauten oder -ecken mit Hilfe eines Teelöffels damit besprenkeln. Mit den Marzipansternen garnieren.

Abwandlung: Für traditionelle **Nuss- oder Kokosecken** 200 g Weizenmehl mit ½ gestrichenen Teelöffel Backpulver mischen und in eine Rührschüssel sieben. 80 g Zucker mit 1 Päckchen Vanillin-Zucker, 1 Prise Salz, 1 Ei (Größe M) und 100 g Butter oder Margarine hinzufügen. Die Zutaten mit dem Handrührgerät mit Knethaken zunächst kurz auf niedrigster, dann auf höchster Stufe gut durcharbeiten. Anschließend auf der Arbeitsfläche zu einem glatten Teig verkneten, sollte er kleben, ihn eine Zeit lang kalt stellen. Den Teig auf einem gefetteten Backblech (30 x 40 cm) ausrollen und mit 2–3 Esslöffeln Aprikosen-Konfitüre bestreichen. Für den Belag 150 g Butter oder Margarine mit 150 g Zucker, 1 Päckchen Vanillin-Zucker und 4 Esslöffeln Wasser langsam erwärmen und zerlassen. 100 g gemahlene und 200 g gehobelte Haselnusskerne oder 300 g Kokosraspel unterrühren, kurz aufkochen und etwas abkühlen lassen. Den Belag gleichmäßig auf dem Teig verteilen. Vor den Teig einen mehrfach umgeknickten Streifen Alufolie legen. Das Backblech in den Backofen schieben und bei 180–200 °C (Ober-/Unterhitze), 160–180 °C (Heißluft) oder Stufe 3–4 (Gas) 20–30 Minuten backen. Das Gebäck auf dem Backblech erkalten lassen. Es dann erst in Quadrate, dann in Dreiecke schneiden. Für den Guss 50 g Halbbitter-Kuvertüre mit etwas Kokosfett in einem kleinen Topf im Wasserbad bei schwacher Hitze zu einer geschmeidigen Masse verrühren und die beiden spitzen Gebäckecken damit bestreichen oder mit Hilfe eines Teelöffels damit besprenkeln. Die Nussecken sind in gut schließenden Dosen 3–4 Wochen haltbar.

Tipp:

Nach Belieben die Enden
der Schweineöhrchen in
aufgelöste Halbbitter-
kuvertüre tauchen. Die
Schweineöhrchen können
in gut schließenden
Dosen 2-3 Wochen auf-
bewahrt werden.

SCHWEINEÖHRCHEN

1. Den Blätterteig zugedeckt bei Zimmertemperatur auftauen lassen. Die Platten aufeinander legen, zu einem Rechteck (55 x 22 cm) ausrollen und mit Butter bestreichen.

2. Den Zucker und den Vanillin-Zucker mischen und den Teig damit bestreuen. Von der Teigplatte den linken Teil der langen Seite zu ⅔ und den rechten zu ⅓ zusammenlegen, so dass die Kanten aneinander stoßen. Dann den Teig an der längeren Seite zur Hälfte überschlagen und so vor sich liegen lassen.

3. Dieses Teigstück zu einer Platte (30 x 30 cm) ausrollen, die linke und die rechte Seite so zur Mitte überschlagen, dass in der Mitte 2 cm Teig frei bleiben. Die linke breite Kante auf die rechte Kante legen. Den Teig so lange kalt stellen, bis er schnittfest geworden ist.

4. Knapp 1 cm dicke Scheiben von dem Teig abschneiden und auf mit Wasser abgespülte Backbleche legen.

Ober-/Unterhitze: 200–220 °C (vorgeheizt)
Heißluft: 180–200 °C (vorgeheizt)
Gas: Stufe 4–5 (vorgeheizt)
Backzeit: 10–15 Minuten.

5. Die Schweineöhrchen vom Backblech lösen, noch heiß mit Zucker bestreuen und auf einem Kuchenrost erkalten lassen.

FÜR DEN TEIG:
150 g WEIZENMEHL
400 g ZUCKER
1 PCK. BOURBON-
VANILLEZUCKER
½ GESTR. TL SALZ
60 g KAKAOPULVER
5 EIER (GRÖSSE M)
250 g ZERLASSENE,
ETWAS ABGEKÜHLTE
BUTTER
200 g PARANUSSKERNE
200 g STUDENTENFUTTER

FÜR DEN GUSS:
300 g ZARTBITTER-
KUVERTÜRE
20 g KOKOSFETT
50 g WEISSE KUVERTÜRE

BROWNIE-RAUTEN

1. Für den Teig das Mehl in eine Rührschüssel sieben und mit Zucker, Vanille-zucker, Salz und Kakao vermischen. Die Eier und die Butter zugeben und mit dem Handrührgerät mit Rührbesen etwa 4 Minuten auf höchster Stufe rühren.

2. Die Paranusskerne und das Studentenfutter grob zerkleinern und unterrühren. Den Teig in eine mit Backpapier ausgelegte Fettfangschale (30 x 40 cm) geben und glatt streichen. Die Fettfangschale in den Backofen schieben.

Ober-/Unterhitze: 180–200 °C (vorgeheizt)
Heißluft: 160–180 °C (vorgeheizt)
Gas: Stufe 3–4 (vorgeheizt)
Backzeit: etwa 20 Minuten.

3. Die Fettfangschale auf einen Kuchenrost stellen und mehrere Stunden abkühlen lassen.

4. Für den Guss die Kuvertüre hacken, mit dem Kokosfett im Wasserbad schmelzen, auf der Gebäckplatte verstreichen und fest werden lassen.

5. Das Gebäck in Rauten von etwa 6 x 6 cm oder in Quadrate schneiden. Die weiße Kuvertüre im Wasserbad schmelzen, etwas abkühlen lassen, in ein Pergamentpapier-tütchen geben und die Gebäckstücke damit garnieren.

Tipp:
Die Brownies halten sich in einer gut schließenden Blechdose etwa 3 Wochen. Zwischen den einzelnen Lagen Klarsichtfolie legen.

DIE ZUTATEN:

1 PCK. (300 g)
TK-BLÄTTERTEIG
KONDENSMILCH

FÜR DIE FÜLLUNG:
100 g GEMAHLENE
HASELNUSSKERNE
50 g ZUCKER
3–4 TROPFEN BITTER-
MANDEL-AROMA
ETWA 3 EL WASSER

KONDENSMILCH

FÜR DEN GUSS:
50–75 g GESIEBTER
PUDERZUCKER
ETWA 1 EL HEISSES
WASSER

NUSSHÖRNCHEN *(12 STÜCK–FOTO)*

1. Den Blätterteig zugedeckt bei Zimmertemperatur auftauen lassen. Die Platten aufeinander legen und zu einer Platte von etwa 40 cm Durchmesser ausrollen. Die Teigplatte vierteln und jedes Viertel in je drei „Tortenstücke" schneiden. Die Ränder mit Kondensmilch bestreichen.

2. Für die Füllung die Haselnüsse mit Zucker, Bittermandel-Aroma und Wasser verrühren. Jeweils die breite Dreieckseite mit etwas von der Füllung belegen und von dieser Seite her zu Hörnchen aufrollen.

3. Die Hörnchen auf ein mit Wasser abgespültes Backblech legen und mit Kondensmilch bestreichen. Das Backblech in den Backofen schieben.

Ober-/ Unterhitze: 200–220 °C (vorgeheizt)
Heißluft: 180–200 °C (vorgeheizt)
Gas: Stufe 4–5 (vorgeheizt)
Backzeit: etwa 15 Minuten.

4. Für den Guss den Puderzucker mit Wasser zu einer dickflüssigen Masse verrühren, die noch warmen Nusshörnchen damit bestreichen und erkalten lassen. Die Nusshörnchen schmecken frisch am besten.

DIE ZUTATEN:

FÜR DEN RÜHR-
KNET-TEIG:
2 EIER (GRÖSSE M)
200 g ZUCKER
3 SCHWACH GEH. TL
GEMAHLENER ZIMT
1 MSP. GEMAHLENE
NELKEN ODER PIMENT
65 g FEIN GEHACKTES
ZITRONAT
100 g ABGEZOGENE,
GEMAHLENE MANDELN
250 g WEIZENMEHL
½ PCK. BACKPULVER

1 EI (GRÖSSE M)
75–100 g ABGEZOGENE,
HALBIERTE MANDELN

ZIMTKNUSPERCHEN

1. Für den Teig die Eier und Zucker mit dem Handrührgerät mit Rührbesen auf höchster Stufe schaumig rühren. Zimt, Nelken oder Piment, Zitronat und Mandeln unterrühren. Das Mehl mit dem Backpulver mischen, sieben und ⅔ davon auf mittlerer Stufe unterrühren. Das restliche Mehl auf der Arbeitsfläche unterkneten.

2. Den Teig knapp ½ cm dick ausrollen, in Rechtecke (etwa 3 x 5 cm) schneiden oder rädeln. Die Rechtecke auf mit Backpapier belegte Backbleche legen. Das Ei verschlagen, die Teigrechtecke damit bestreichen und mit Mandeln belegen, backen.

Ober-/Unterhitze: 180–200 °C (vorgeheizt)
Heißluft: 160–180 °C (vorgeheizt)
Gas: Stufe 3–4 (vorgeheizt)
Backzeit: 12–15 Minuten.

3. Die Zimtknusperchen auf einem Kuchenrost erkalten lassen. Die erkalteten Zimtknusperchen in gut schließende Dosen geben und etwa 10 Tage lang durchziehen lassen. Die Zimtknusperchen sind etwa 4 Wochen haltbar.

DIE ZUTATEN:

FÜR DEN RÜHRTEIG:
2 EIER (GRÖSSE M)
200 g BRAUNER ZUCKER
(KANDISFARIN)
1 PCK. VANILLIN-ZUCKER
1 MSP. GEMAHLENE
NELKEN
½ FLÄSCHCHEN RUM-
AROMA
2 TROPFEN ZITRONEN-
AROMA
70 g FEIN GEWÜRFELTES
ORANGEAT ODER ZITRO-
NAT
125 g NICHT ABGEZOGENE,
GEMAHLENE MANDELN
125 g GEMAHLENE HASEL-
NUSSKERNE

ETWA 40 OBLATEN
(Ø 6 CM)

FÜR DEN HELLEN GUSS:
150 g PUDERZUCKER
1–2 EL HEISSES WASSER

FÜR DEN DUNKLEN GUSS:
75 g SCHOKOLADE
10 g KOKOSFETT

Tipp:
Die Elisenlebkuchen
müssen sich nach dem
Backen noch etwas feucht
anfühlen, sie trocknen
noch nach. In gut
schließenden Dosen
2-3 Wochen haltbar.

ELISENLEBKUCHEN *(ETWA 40 STÜCK)*

1. Für den Teig die Eier mit dem Handrührgerät mit Rührbesen auf höchster Stufe in 1 Minute schaumig schlagen. Zucker und Vanillin-Zucker in 1 Minute einstreuen, dann noch 2 Minuten schlagen.

2. Nelken, Rum-Aroma, Zitronen-Aroma, Orangeat oder Zitronat, Mandeln und Haselnüsse unterrühren.

3. Auf jede Oblate einen gehäuften Teelöffel Teig geben, mit einem in Wasser getauchten Messer bergförmig verstreichen und auf Backbleche legen, backen.

Ober-/Unterhitze: 130–150 °C (vorgeheizt)
Heißluft: 110–120 °C (vorgeheizt)
Gas: Stufe 1–2 (vorgeheizt)
Backzeit: etwa 25–30 Minuten.

4. Für den hellen Guss den Puderzucker mit Wasser verrühren, die Hälfte der Lebkuchen sofort damit bestreichen und erkalten lassen.

5. Für den dunklen Guss die Schokolade und Kokosfett in einem kleinen Topf bei schwacher Hitze im Wasserbad zu einer geschmeidigen Masse verrühren, die restlichen Lebkuchen damit bestreichen und erkalten lassen.

PFEFFERKUCHENRAUTEN

1. Für den Teig Sirup oder Honig, Zucker und Butter oder Margarine langsam erwärmen, zerlassen, in eine Rührschüssel geben und kalt stellen.

2. Unter die fast erkaltete Masse mit dem Handrührgerät mit Rührbesen auf höchster Stufe Eigelb, Rum, Vanillin-Zucker, Lebkuchengewürz und Salz rühren.

3. Das Mehl mit dem Backpulver mischen, sieben, zu der Sirup-Butter-Masse geben und mit dem Handrührgerät mit dem Knethaken zunächst kurz auf niedrigster, dann auf höchster Stufe gut durcharbeiten. Anschließend auf der bemehlten Arbeitsfläche zu einem glatten Teig verkneten und eine Zeit lang kalt stellen.

4. Den Teig auf einem gefetteten Backblech (30 x 40 cm) ausrollen. Aprikosen-Konfitüre durch ein Sieb streichen und auf dem Teig verstreichen.

5. Für den Belag 2 Eiweiß mit Zucker, Mandeln und Zimt bei sehr schwacher Hitze erwärmen und erkalten lassen. Das restliche Eiweiß steif schlagen und unterziehen. Die Masse auf die Konfitüre streichen. Das Backblech in den Backofen schieben.

Ober-/Unterhitze: etwa 180 °C (vorgeheizt)
Heißluft: etwa 160 °C (vorgeheizt)
Gas: etwa Stufe 3 (vorgeheizt)
Backzeit: etwa 20 Minuten.

6. Das Gebäck erkalten lassen und in Rauten schneiden.

DIE ZUTATEN:

FÜR DEN RÜHR-KNET-TEIG:
150 g SIRUP ODER HONIG
50 g ZUCKER
100 g BUTTER ODER MARGARINE
3 EIGELB (GRÖSSE M)
1 EL RUM
1 PCK. VANILLIN-ZUCKER
1 PCK. LEBKUCHEN-GEWÜRZ
1 PRISE SALZ
300 g WEIZENMEHL
2 GESTR. TL BACKPULVER

200 g APRIKOSEN-KONFITÜRE

FÜR DEN BELAG:
3 EIWEISS (GRÖSSE M)
100 g ZUCKER
125 g ABGEZOGENE, GEMAHLENE MANDELN
½ TL GEMAHLENER ZIMT

Tipp:
Die Pfefferkuchenrauten nach Belieben mit Puderzucker bestäuben. Anstelle der Aprikosenkonfitüre kann auch Johannisbeergelee zum Bestreichen verwendet werden. In gut schließenden Dosen halten sich die Pfefferkuchenrauten 3-4 Wochen.

FÜR DEN RÜHRTEIG:
225 g WEICHE BUTTER
175 g ZUCKER
1 PCK. VANILLIN-ZUCKER
1 PRISE SALZ
5 EIER (GRÖSSE M)
200 g WEIZENMEHL
1 ½ TL BACKPULVER

FÜR DIE TEIGVARIANTEN:
50 g GEMAHLENE HASEL-
NUSSKERNE, 3 EL RUM

50 g KOKOSRASPEL
½ PCK. ORANGENFRUCHT
2 EL ORANGENSAFT

25 g ABGEZOGENE,
GEHOBELTE MANDELN
25 g RASPELSCHOKOLADE
1 EL WEINBRAND

1 TL KAKAOPULVER
½ TL ZUCKER
2 EL RUM ODER MILCH

FÜR DIE 1. VARIANTE:
50 g NUSS-NOUGAT
5 g KOKOSFETT
5 STÜCK BORKEN-
SCHOKOLADE

FÜR DIE 2. VARIANTE:
40 g PUDERZUCKER
ETWAS ORANGENSAFT
1 KANDIERTE ORANGEN-
SCHEIBE
GEHACKTE PISTAZIEN-
KERNE
ORANGENSCHALE IN
FEINEN STREIFEN
(UNBEHANDELT)

FÜR DIE 3. + 4.
VARIANTE:
50 g HALBBITTER-
KUVERTÜRE
10 g KOKOSFETT
5 WEISSE TRÜFFEL-
PRALINEN-HÄLFTEN
25 g ABGEZOGENE,
GEHOBELTE MANDELN

VIERERLEI TÖRTCHEN
(ETWA 20 STÜCK)

1. Für den Teig die Butter mit dem Handrührgerät mit Rührbesen auf höchster Stufe geschmeidig rühren. Nach und nach Zucker, Vanillin-Zucker und Salz unterrühren. So lange rühren, bis eine gebundene Masse entstanden ist. Die Eier nach und nach unterrühren (jedes Ei etwa ½ Minute). Das Mehl mit dem Backpulver mischen, sieben und portionsweise auf mittlerer Stufe unterrühren.

2. Den Teig in 4 Teile teilen, drei Teigviertel mit den Zutaten jeweils einer der ersten drei Varianten verrühren. Jede Teigvariante in 5 Papierbackförmchen (2 ineinander gestellte Papierbackförmchen) füllen.

3. Für die vierte Variante ⅔ des Teigviertels in 5 Papierbackförmchen füllen, unter den restlichen Teig Kakao, Zucker und Rum oder Milch rühren, den dunklen Teig auf den hellen geben und nach Belieben mit einer Gabel ein Marmormuster durch den Teig ziehen.

4. Die Förmchen auf ein Backblech stellen. Das Backblech in den Backofen schieben.

Ober-/Unterhitze: etwa 180 °C (vorgeheizt)
Heißluft: etwa 160 °C (vorgeheizt)
Gas: etwa Stufe 3 (vorgeheizt)
Backzeit: etwa 25 Minuten.

5. Die Törtchen auf einem Kuchenrost erkalten lassen.

6. Zum Garnieren der ersten Variante das Nuss-Nougat mit Kokosfett in einem kleinen Topf im Wasserbad bei schwacher Hitze zu einer geschmeidigen Masse verrühren. Die Masse auf die Nusstörtchen streichen und mit Borkenschokolade garnieren.

7. Zum Garnieren der zweiten Variante den Puderzucker mit Orangensaft verrühren und auf die Kokostörtchen streichen. Die kandierte Orangenscheibe in Stücke schneiden, auf den Guss legen und mit Pistazien und Orangenschale bestreuen.

8. Zum Garnieren der restlichen Törtchen die Kuvertüre zerkleinern, mit Kokosfett in einem kleinen Topf im Wasserbad bei schwacher Hitze zu einer geschmeidigen Masse verrühren. Die Hälfte der Kuvertüre auf die vierte Variante, die Marmortörtchen, streichen und jedes Törtchen mit einer Pralinenhälfte garnieren.

9. Unter die restliche Kuvertüre die gehobelten Mandeln rühren und die Mandelmasse hügelartig auf den Mandeln-Schoko-Törtchen verteilen.

Tipp:
Die Törtchen sind 2-3 Tage haltbar.
Ohne Dekoration können die Törtchen eingefroren werden.

FIGÜRLICHES BACKEN

Feine Vanille-Engel,
Rezept Seite 80

DIE ZUTATEN:

FÜR DEN TEIG:
250 g WEIZENMEHL
1 GESTR. TL BACKPULVER
100 g ZUCKER
1 PCK. BOURBON-
VANILLEZUCKER
1 PRISE SALZ
1 EI (GRÖSSE M)
125 g WEICHE BUTTER

ZUM GARNIEREN:
125 g PUDERZUCKER
EIWEISS
ZITRONENSAFT
GOLD- UND SILBER-
ZUCKERPERLEN

FEINE VANILLE-ENGEL
(FOTO SEITE 78/79)

1. Für den Teig das Mehl und Backpulver mischen und in eine Rührschüssel sieben. Zucker, Vanillezucker, Salz, Ei und Butter hinzufügen. Die Zutaten mit dem Handrührgerät mit Knethaken zunächst auf niedrigster, dann auf höchster Stufe kurz durcharbeiten.

2. Anschließend auf der Arbeitsfläche zu einem glatten Teig verkneten und in Klarsichtfolie gewickelt etwa 30 Minuten kalt stellen.

3. Den Teig auf der leicht bemehlten Arbeitsfläche portionsweise 3 mm dick ausrollen und große und kleine Engel ausstechen. Die Engel auf mit Backpapier belegte Backbleche legen. Die Backbleche in den Backofen schieben.

Ober-/Unterhitze: etwa 200 °C (vorgeheizt)
Heißluft: etwa 180 °C (vorgeheizt)
Gas: etwa Stufe 4 (vorgeheizt)
Backzeit: 8–10 Minuten.

4. Das Gebäck vom Backblech nehmen und auf einem Kuchenrost erkalten lassen.

5. Zum Garnieren den Puderzucker sieben und mit so viel Eiweiß verrühren, dass ein spritzfähiger Guss entsteht. Etwas von dem Guss in ein Pergamentpapiertütchen geben und die Engel damit garnieren. Den restlichen Guss mit Zitronensaft streichfähig rühren und die Engel damit bestreichen. Die Engel mit den Gold-, Silber- und Zuckerperlen garnieren.

DIE ZUTATEN:

FÜR DEN RÜHRTEIG:
350 g BUTTER ODER
MARGARINE
250 g ZUCKER
1 PCK. VANILLIN-ZUCKER
1 PCK. ORANGENFRUCHT
6 EIER (GRÖSSE M)
250 g WEIZENMEHL
100 g SPEISESTÄRKE
2 GESTR. TL BACKPULVER
100 g GEHACKTE VOLL-
MILCH-SCHOKOLADE

SEMMELBRÖSEL

WEIHNACHTSBAUM *(FOTO)*

1. Für den Teig die Butter oder Margarine mit dem Handrührgerät mit Rührbesen auf höchster Stufe geschmeidig rühren. Nach und nach Zucker, Vanillin-Zucker und Orangenfrucht unterrühren, so lange rühren, bis eine gebundene Masse entstanden ist. Die Eier nach und nach unterrühren (jedes Ei etwa ½ Minute).

2. Das Mehl mit Speisestärke und Backpulver mischen, sieben und portionsweise auf mittlerer Stufe unterrühren. Die Schokolade unterrühren.

3. Den Teig in eine gut gefettete, mit Semmelbröseln ausgestreute Weihnachtsbaum-Backform (1,5 l Inhalt) füllen und glatt streichen. Die Form auf dem Rost in den Backofen schieben.

Ober-/Unterhitze: etwa 180 °C (vorgeheizt, unteres Drittel)
Heißluft: etwa 160 °C (nicht vorgeheizt)
Gas: etwa Stufe 3 (vorgeheizt)
Backzeit: 50–60 Minuten.

(Fortsetzung Seite 81)

4. Das Gebäck 10 Minuten in der Form stehen lassen, dann auf ein Kuchenrost stürzen und erkalten lassen.

5. Für den Guss den Puderzucker mit Orangensaft zu einer zähflüssigen Masse verrühren, in eine kleine Papiertüte füllen, eine kleine Spitze abschneiden und den Weihnachtsbaum damit verzieren. Den Baum nach Belieben mit Schokoladenkugeln und Zuckerperlen garnieren.

Tipp:
Der Tannenbaum ist gut verpackt und gekühlt etwa 1 Woche haltbar. Ohne Guss kann er auch eingefroren werden.

FÜR DEN GUSS:
150 g GESIEBTER PUDER-ZUCKER
2 EL ORANGENSAFT

SCHOKOLADENKUGELN
BUNTE ZUCKERPERLEN

FÜR DIE EIWEISSMASSE:
2 EIWEISS (GRÖSSE M)
2 EL (30 g) FLÜSSIGER
HONIG
80 g WEIZENVOLLKORN-
MEHL

Tipp:
Die Zahlen halten
sich luftdicht verpackt
mehrere Wochen. An der
Luft wird das Gebäck
durch die Luftfeuchtig-
keit weich.

ADVENTSZAHLEN

1. Das Eiweiß steif schlagen. Honig und Mehl mit einem Rührlöffel oder Teig-schaber verrühren. Den Eischnee unterheben.

2. Die Masse in einen Spritzbeutel mit Lochtülle füllen und Zahlen auf ein mit Backpapier belegtes Backblech spritzen. Die Zahlen bei Zimmertemperatur etwa 2 Stunden trocknen lassen.

3. Das Backblech in den Backofen schieben und die Zahlen hellgelb backen.

Ober-/Unterhitze: etwa 180 °C (vorgeheizt)
Heißluft: etwa 160 °C (vorgeheizt)
Gas: etwa Stufe 3 (vorgeheizt)
Backzeit: etwa 25 Minuten.

WEIHNACHTSSTERN

1. Für den Teig die Butter oder Margarine mit dem Handrührgerät mit Rührbesen auf höchster Stufe geschmeidig rühren. Nach und nach Zucker, Vanillin-Zucker, Orangenfrucht, Ingwer und Salz unterrühren. So lange rühren, bis eine gebundene Masse entstanden ist. Die Eier nach und nach unterrühren (jedes Ei etwa ½ Minute).

2. Das Mehl mit Backpulver mischen, sieben und portionsweise auf mittlerer Stufe unterrühren. Zitronat, Orangeat, Aprikosen, Belegkirschen, Cashewkerne und Kokosraspel vorsichtig auf mittlerer Stufe unter den Teig rühren.

3. Den Teig in eine gefettete, mit Semmelbröseln ausgestreute Sternform (1,5 l Inhalt) füllen. Die Form auf dem Rost in den Backofen schieben.

Ober-/Unterhitze: etwa 180 °C (vorgeheizt, unteres Drittel)
Heißluft: etwa 160 °C (nicht vorgeheizt)
Gas: etwa Stufe 3 (vorgeheizt)
Backzeit: etwa 60 Minuten.

4. Das Gebäck 10 Minuten in der Form stehen lassen, dann auf einen Kuchenrost stürzen und erkalten lassen.

5. Zum Tränken Orangensaft und -likör mischen. Den Kuchen damit tränken (mit Hilfe eines Pinsels). Für den Guss den Puderzucker, Orangenlikör und Wasser zu einer dickflüssigen Masse verrühren. Das Gebäck damit überziehen, mit kandierten Früchten garnieren und den Guss fest werden lassen.

6. Den Stern vor dem Verzehr mindestens 1 Tag durchziehen lassen. Er ist gut verpackt und gekühlt etwa 10 Tage haltbar.

DIE ZUTATEN:

FÜR DEN RÜHRTEIG:
200 g BUTTER ODER MARGARINE
150 g ZUCKER
1 PCK. VANILLIN-ZUCKER
1 PCK. ORANGENFRUCHT
1 GESTR. TL GEMAHLENER INGWER
1 PRISE SALZ
4 EIER (GRÖSSE M)
225 g WEIZENMEHL
2 ½ GESTR. TL BACKPULVER
100 g GEWÜRFELTES ZITRONAT (SUKKADE)
100 g GEWÜRFELTES ORANGEAT
75 g GEWÜRFELTE, GETROCKNETE APRIKOSEN
100 g GEWÜRFELTE BELEGKIRSCHEN (EVTL. VOR DEM SCHNEIDEN ABSPÜLEN)
100 g GEHACKTE CASHEWKERNE
75 g KOKOSRASPEL
SEMMELBRÖSEL

ZUM TRÄNKEN:
100 ml ORANGENSAFT
2 EL ORANGENLIKÖR

FÜR DEN GUSS:
350–400 g GESIEBTER PUDERZUCKER
3 EL ORANGENLIKÖR
ETWA 3 EL WASSER

KANDIERTE FRÜCHTE

DIE ZUTATEN:

FÜR DEN TEIG:
300 g HONIG
75 g ZUCKER
2 PCK. VANILLIN-ZUCKER
1 EI (GRÖSSE M)
50 g SEHR WEICHE
BUTTER ODER MARGARINE
4 EL WASSER
600 g WEIZENMEHL
30 g KAKAOPULVER
3 GESTR. TL BACKPULVER
FLÜSSIGE SCHLAGSAHNE

FÜR DEN GUSS:
200–300 g GESIEBTER
PUDERZUCKER
EIWEISS
NÜSSE
SÜSSIGKEITEN
PUDERZUCKER

KNUSPERHÄUSCHEN

1. Für den Teig den Honig mit Zucker, Vanillin-Zucker, Ei, Butter oder Margarine, Wasser mit dem Handrührgerät mit Rührbesen gut verrühren. Das Mehl mit Kakao und Backpulver mischen, sieben, ⅔ unterrühren, den Rest unterkneten, anschließend auf der mit Mehl bestäubten Arbeitsfläche zu einem glatten Teig verkneten.

2. Den Teig knapp ½ cm dick ausrollen, zunächst die vordere und die hintere Seite des Hauses (am besten nach Papierschablone, 2 Giebelseiten: Seitenlänge 10 cm, Seitenhöhe 5 cm, Firsthöhe 14 cm) ausschneiden, auf ein mit Backpapier belegtes Backblech legen, mit Sahne bestreichen.

3. Dach (2 Rechtecke 14 x 12 cm) und Seitenteile (2 Rechtecke 5 x 12 cm) ausschneiden, auf ein mit Backpapier belegtes Backblech legen und mit Sahne bestreichen. Aus einem Teil des restlichen Teiges Figuren in verschiedenen Größen ausstechen, auf das Dach legen und mit Sahne bestreichen.

4. Die Backbleche in den Backofen schieben.

Ober-/Unterhitze: etwa 200 °C (vorgeheizt)
Heißluft: etwa 180 °C (vorgeheizt)
Gas: etwa Stufe 4 (vorgeheizt)
Backzeit: etwa 15 Minuten.

5. Die Gebäckteile vom Backblech lösen und auf einem Kuchenrost erkalten lassen.

6. Für die Gebäckplatte einen Teil des restlichen Teiges auf einem gefetteten Backblech ausrollen und mit Sahne bestreichen. Aus dem restlichen Teig einen Zaun, Tannenbäume und Platten für den Hauseingang ausschneiden, mit auf das Backblech legen und mit Sahne bestreichen. Die Gebäckteile wie oben angegeben backen und erkalten lassen.

7. Für den Guss Puderzucker mit so viel Eiweiß mit dem Handrührgerät mit Rührbesen verrühren, dass eine sehr zähe, streichfähige Masse entsteht. Die Hausteile auf der Gebäckplatte zu einem Haus zusammensetzen und trocknen lassen. Haus, Tannenbäume und Zaun mit Puderzuckerguss verzieren. Das Knusperhäuschen nach Belieben mit Nüssen und Süßigkeiten garnieren und mit Puderzucker bestäuben.

Tipp:
Die Gebäckteile müssen gut auskühlen, am besten über Nacht, sonst könnten sie zu weich sein und das Haus schnell einstürzen. Die Gebäckteile können auch schon einige Tage vor dem Zusammensetzen des Hauses gebacken werden.

DIE ZUTATEN:

FÜR DEN TEIG:
500 g HONIG
75 g SCHWEINESCHMALZ
2 EL WASSER
2 PCK. LEBKUCHEN-
GEWÜRZ
250 g ROGGENMEHL
250 g WEIZENMEHL
1 PCK. BACKPULVER
100 g FEIN GEWÜRFELTES
ZITRONAT
ETWAS WEIZENMEHL
ETWAS WASSER

ZUM VERZIEREN:
100 g GESIEBTER PUDER-
ZUCKER
EIWEISS
ROTE, GRÜNE UND GELBE
SPEISEFARBE

HONIGKUCHENPFERD

1. Für den Teig den Honig mit Schweineschmalz und Wasser unter Rühren zerlassen. Lebkuchengewürz unterrühren.

2. Beide Mehlsorten mit dem Backpulver mischen, auf die Honig-Schmalz-Masse geben, einen Teil des Mehlgemisches unterrühren, den Rest mit Zitronat unterkneten. Zuletzt evtl. etwas Mehl unterkneten.

3. Den Teig etwa 1 cm dick auf einer mit Mehl bestäubten Arbeitsfläche ausrollen, auf ein gut gefettetes Backblech legen, eine Papier-Schablone darauf legen und mit einem spitzen Messer das Pferd ausschneiden.

4. Das Honigkuchenpferd mit Wasser bestreichen und das Backblech in den Backofen schieben.

Ober-/Unterhitze: etwa 180 °C (vorgeheizt), **Heißluft:** etwa 160 °C (vorgeheizt)
Gas: etwa Stufe 3 (vorgeheizt), **Backzeit:** etwa 25 Minuten.

5. Das gebackene Honigkuchenpferd erkalten lassen.

6. Zum Verzieren den Puderzucker mit Eiweiß zu einer dickflüssigen Masse verrühren. Den angerührten Guss vierteln. Jedes Viertel mit roter, grüner oder gelber Speisefarbe färben. Aus Backpapier vier Tütchen formen, jeweils eine Puderzuckermasse hineingeben, ein Stück von der Tütchenspitze abschneiden, so dass die Masse in einer dünnen Linie aus dem Tütchen gedrückt werden kann. Das Pferd damit verzieren.

HASEN UND KÜKEN

1. Für den Teig das Mehl in eine Rührschüssel sieben und mit der Hefe sorgfältig vermischen. Den Zucker, Vanillin-Zucker, Salz, Butter und Milch hinzufügen. Die Zutaten mit dem Handrührgerät mit Knethaken zuerst auf niedrigster, dann auf höchster Stufe in etwa 5 Minuten zu einem Teig verarbeiten.

2. Anschließend den Teig abgedeckt an einem warmen Ort so lange gehen lassen, bis er sich sichtbar vergrößert hat. Den Teig dann auf der Arbeitsfläche nochmals gut durchkneten.

3. Den Teig auf einer leicht bemehlten Arbeitsfläche ausrollen. Jeweils einen Hasen und ein Küken auf Papier zeichnen, ausschneiden, die Papierschablonen auf den Teig legen und ausschneiden. Die Figuren auf mit Backpapier belegte Backbleche legen.

4. Zum Bestreichen das Eigelb mit der Milch verschlagen, den Teig damit bestreichen und nochmals gehen lassen. Die Backbleche dann in den Backofen schieben.

Ober-/Unterhitze: etwa 220 °C (vorgeheizt), **Heißluft:** etwa 200 °C (vorgeheizt) **Gas:** etwa Stufe 5 (vorgeheizt), **Backzeit:** etwa 15 Minuten.

5. Zum Garnieren in ein Stück Pappe ein Zick-Zack-Muster einschneiden, auf die obere Fläche der erkalteten Hasen und Küken legen und mit Puderzucker (50 g) ein „Gras-Muster" aufstäuben.

6. Den Puderzucker (200 g) mit so viel Eiweiß verrühren, dass eine dickflüssige Masse entsteht. Den Puderzuckerguss mit etwas gelber Speisefarbe einfärben, in eine Papierspritztüte füllen und die Hasen und Küken damit verzieren.

DIE ZUTATEN:

FÜR DEN HEFETEIG:
500 g WEIZENMEHL
1 PCK. TROCKENHEFE
125 g ZUCKER
1 PCK. VANILLIN-ZUCKER
1 PRISE SALZ
75 g ZERLASSENE, LAUWARME BUTTER
250 ml (¼ l) LAUWARME MILCH

ZUM BESTREICHEN:
1 EIGELB (GRÖSSE M)
1 EL MILCH

ZUM GARNIEREN:
50 g PUDERZUCKER
200 g GESIEBTER PUDER-ZUCKER
1 EIWEISS (GRÖSSE M)
GELBE SPEISEFARBE

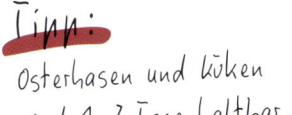

Tipp:
Osterhasen und Küken sind 1-2 Tage haltbar.

**FÜR DIE FRÜCHTE-
MISCHUNG:**
250 g ROSINEN
100 g GEHACKTES
ORANGEAT
100 g GETROCKNETE,
GEWÜRFELTE APRIKOSEN
100 ml RUM

FÜR DEN HEFETEIG:
350 g WEIZENMEHL
1 PCK. TROCKENHEFE
75 g ZUCKER
1 PCK. VANILLIN-ZUCKER
1 PCK. ORANGENFRUCHT
2 TL CHRISTSTOLLEN-
GEWÜRZ
1 PRISE SALZ
100 ml LAUWARME MILCH
125 g WEICHE BUTTER
ODER MARGARINE
125 g MAGERQUARK
100 g GEHOBELTE HASEL-
NUSSKERNE

200 g MARZIPAN-
ROHMASSE
100 g ZERLASSENE
BUTTER
25 g GESIEBTER PUDER-
ZUCKER

FRÜCHTE-MARZIPAN-STERN

1. Für die Früchtemischung die Früchte mit dem Rum mischen und am besten über Nacht zugedeckt ziehen lassen.

2. Für den Teig das Mehl in eine Rührschüssel sieben, mit Hefe sorgfältig vermischen. Zucker, Vanillin-Zucker, Orangenfrucht, Christstollengewürz, Salz, Milch, Butter oder Margarine und Quark hinzufügen.

3. Die Zutaten mit dem Handrührgerät mit Knethaken zunächst auf niedrigster, dann auf höchster Stufe in etwa 5 Minuten zu einem Teig verarbeiten. Den Teig zugedeckt so lange an einem warmen Ort gehen lassen, bis er sich sichtbar vergrößert hat.

4. Den Teig leicht mit Mehl bestäuben, aus der Schüssel nehmen und auf der Arbeitsfläche kurz durchkneten. Die Früchtemischung und die Haselnüsse unter den Teig kneten.

5. Den Teig in 6 Teile teilen, jeweils zu einer Rolle von 20 cm Länge formen und längs in die Mitte eine Vertiefung drücken. Die Marzipan-Rohmasse ebenfalls sechsteln. Die Stücke jeweils zu einer Rolle von 20 cm formen, in die „Teigrinnen" legen und mit Teig umschließen.

6. Jede Rolle zu einer Sternspitze formen, die Teigteile als Stern aneinander auf ein mit Backpapier belegtes Backblech legen und die „Nahtstellen" fest andrücken. Den Stern nochmals zugedeckt so lange an einem warmen Ort gehen lassen, bis er sich sichtbar vergrößert hat. Das Backblech in den Backofen schieben.

Ober-/Unterhitze: vorheizen etwa 250 °C, backen etwa 160 °C
Heißluft: vorheizen etwa 230 °C, backen etwa 150 °C
Gas: vorheizen Stufe 4–5, backen Stufe 3–4
Backzeit: etwa 40 Minuten.

7. Den noch heißen Stern mit Butter bestreichen, mit Puderzucker bestäuben und erkalten lassen. Vor dem Verzehr gut durchziehen lassen.

Abwandlung: Für die Früchtemischung können auch andere Früchte verwendet werden, z. B. getrocknete Pflaumen, Feigen oder Zitronat (alles gewürfelt), das Gesamtgewicht sollte jedoch gleich bleiben.

Tipp:
Der Früchte-Marzipan-Stern ist gut
verpackt 2-3 Wochen haltbar.

DIE ZUTATEN:

FÜR DEN TEIG:
200 g WEICHE BUTTER
175 g ZUCKER
1 PCK. VANILLIN-ZUCKER
1 FLÄSCHCHEN BUTTER-
VANILLE-AROMA
4 EIER
200 g WEIZENMEHL
50 g SPEISESTÄRKE
1 GESTR. TL BACKPULVER
75 g ABGEZOGENE,
GEMAHLENE MANDELN

FÜR DEN GUSS:
GESIEBTER PUDERZUCKER
KAKAOPULVER, EIWEISS
OSTEREIER

DIE ZUTATEN:

FÜR DEN KNETTEIG:
300 g WEIZENMEHL
1 GESTR. TL BACKPULVER
50 g ZUCKER
3 EIGELB (GRÖSSE M)
175 g BUTTER ODER
MARGARINE

FÜR DEN BELAG:
2–3 EL ORANGEN-
MARMELADE
3 EIWEISS (GRÖSSE M)
150 g ZUCKER
½ TL ZIMTPULVER
150 g KOKOSRASPEL

OSTERHASE *(FOTO)*

1. Für den Teig die Butter mit dem Handrührgerät mit Rührbesen auf höchster Stufe geschmeidig rühren. Nach und nach Zucker, Vanillin-Zucker und Aroma unterrühren. So lange rühren, bis eine gebundene Masse entstanden ist.

2. Die Eier nach und nach unterrühren (jedes Ei etwa ½ Minute). Das Mehl mit der Speisestärke und dem Backpulver mischen, sieben und portionsweise auf mittlerer Stufe unterrühren. Die Mandeln auf mittlerer Stufe dazugeben. Den Teig in eine gefettete Hasenform füllen, backen.

Ober-/Unterhitze: 180–200 °C (vorgeheizt), **Heißluft:** 160–180 °C (nicht vorgeheizt) **Gas:** Stufe 3–4 (nicht vorgeheizt), **Backzeit:** etwa 50 Minuten.

3. Das Gebäck 5 Minuten in der Form stehen lassen und erst dann stürzen.

4. Für den Guss den Puderzucker und den Kakao sieben, mit so viel Eiweiß verrühren, bis ein spritzfähiger Guss entstanden ist. Die Masse in ein Pergamentpapiertütchen füllen, von der Tüte eine Spitze abschneiden. Den erkalteten Hasen damit verzieren und mit Ostereiern garnieren.

GEBÄCKTANNEN

1. Für den Teig das Mehl mit Backpulver mischen, in eine Rührschüssel sieben. Zucker, Eigelb und Butter oder Margarine hinzufügen. Die Zutaten mit dem Handrührgerät mit Knethaken gut durcharbeiten.

2. Anschließend auf der Arbeitsfläche zu einem glatten Teig verkneten, sollte er kleben, ihn eine Zeit lang kalt stellen.

3. Den Teig knapp ½ cm dick ausrollen, entweder mit Hilfe einer ausgeschnittenen Tannenbaumschablone Tannenbäume ausschneiden oder mit Förmchen ausstechen und auf gefettete, mit Backpapier belegte Backbleche legen, backen.

Ober-/Unterhitze: etwa 200 °C (vorgeheizt), **Heißluft:** etwa 180 °C (vorgeheizt) **Gas:** etwa Stufe 4 (vorgeheizt), **Backzeit:** etwa 10 Minuten pro Backblech.

4. Für den Belag die Orangenmarmelade durch ein Sieb streichen, die heißen Gebäcktannen damit bestreichen.

5. Das Eiweiß mit dem Zucker und dem Zimt steif schlagen, die Kokosraspel unterheben und die Gebäcktannen damit bestreichen, backen.

Ober-/Unterhitze: 130–150 °C (vorgeheizt), **Heißluft:** 110–130 °C (vorgeheizt) **Gas:** Stufe 1–2 (vorgeheizt), **Backzeit:** 20-25 Minuten.

6. Die Gebäcktannen auf einem Kuchenrost erkalten lassen.

Besonderheiten einiger Teige

Wenn ein Knetteig sich nicht zu einem glatten Teig verkneten lässt, hilft die Zugabe von 1–2 Esslöffeln Wasser, Milch oder Alkohol. Fettreiche Teige, die durch weiches Fett oder Kneten mit der Hand (Handwärme) zu weich geworden sind, eine Zeit lang kalt stellen. Knetteige immer portionsweise auf der leicht bemehlten Arbeitsfläche ausrollen. Ausgestochenen Teig immer wieder für sich ausrollen, nicht mit frischem Teig verkneten. Denn je mehr Mehl unter den Teig kommt und je mehr der Teig nach der Fertigstellung noch geknetet wird, desto größer ist die Gefahr, das der Teig „brandig" wird, d. h. der Teig bröckelt, da das Fett austritt und lässt sich nicht mehr ausrollen. Viele Weihnachtsgebäcke werden aus einem Rühr-Knet-Teig zubereitet, bei dem etwa ⅔ des Mehles untergerührt und dic rcstliche Mehlmenge untergeknetet wird. Gebäcke aus diesem Teig werden besonders zart mürbe.

Abbacken von Plätzchen und Kleingebäck

Zum Abbacken von Plätzchen und Kleingebäck können die Teigstücke entweder auf ein gefettetes, oder mit Backpapier belegtes Backblech gelegt werden, sehr fettreiche Teige (z. B. Knetteige) können direkt auf ungefettete Backbleche gelegt werden. Gerade bei Plätzchen werden oftmals mehrere Backbleche gleichzeitig benötigt, dann ist es sinnvoll, mit Backpapier zu arbeiten. Dazu Backpapier in der Größe des Backbleches zuschneiden, auf der Arbeitsfläche auslegen, die Gebäckstücke und mit dem Backpapier von der offenen Blechseite auf das Backblech ziehen. So kann der Teig schon weiterverarbeitet werden, während das Backblech gerade im Backofen ist. Außerdem kann dadurch das Fett nicht einbrennen und das Backblech muss nicht so oft gereinigt werden. Bei der Verwendung von Backpapier muss allerdings beachtet werden, dass es etwas von der Unterhitze nimmt, so dass z. B. Knetteiggebäcke direkt auf dem Backblech gebacken etwas besser ausbacken und etwas krosser sind. Plätzchen sollten sofort nach dem Backen vom Backblech gezogen

werden und auf einem Kuchenrost erkalten. Sonst kann Schwitzfeuchtigkeit in das Gebäck gelangen und es wird weich. Sehr kleines und dünnes Gebäck am besten direkt mit dem Backpapier auf die Arbeitsfläche ziehen und dort erkalten lassen, da es sich auf einem Kuchenrost verformen könnte. Sollen an einem Tag mehrere Gebäcksorten zubereitet werden, kann man die Teige zum größten Teil bereits am Vortag zubereiten. Knetteige eignen sich generell dazu, Rührteige zum Spritzen sollten nicht solange kalt stehen, sonst wird das verwendete Fett zu fest und man kann den Teig nicht mehr spritzen. Makronenmassen müssen direkt nach der Zubereitung weiter verarbeitet werden.

Makronen

Makronen spielen vor allem eine Rolle in der Eiweißverwertung. Wenn die nachfolgenden Punkte beachtet werden, kann nichts mehr schiefgehen. Die Eier müssen sehr sorgfältig getrennt werden, es darf kein Eigelb in dem Eiweiß sein, Schüssel und Rührbesen müssen sauber und fettfrei sein. Eine große Schüssel verwenden, denn um ein optimales Volumen zu erhalten, benötigt das Eiweiß viel Platz. Das Eiweiß erst auf niedrigster Stufe anschlagen, dann auf höchster Stufe steif schlagen. Zucker (pro Eiweiß rechnet man 50 g Zucker) portionsweise unterrühren (am besten feinkörnigen Zucker oder Puderzucker verwenden, da er sich schneller auflöst als grobkörniger Zucker). Eine Prise Salz fördert das Festwerden des Eischnees. Nicht zu lange rühren, die Masse darf nicht weich und stark glänzend werden. Die übrigen Zutaten (Kokosraspel, Nüsse, Mandeln) vorsichtig kurz unterheben, nicht rühren. Makronen bei nicht zu hoher Temperatur trocknen lassen (130–150 °C). Makronen müssen beim Herausnehmen aus dem Backofen noch etwas weich sein, da sie während der Abkühlphase noch nachtrocknen (die optimale Konsistenz der Makronen sollte außen kross und innen noch leicht feucht sein). Die Makronen auf einen Kuchenrost erkalten lassen, dann luftdicht verpacken. Makronen nicht unnötig lange un-

verpackt stehen lassen, sie ziehen die Luftfeuchtigkeit an und werden dann sehr schnell weich und zäh. Makronen am besten frisch verzehren (maximal 2 Wochen aufbewahren). Sie eignen sich nicht zum Einfrieren.

Kuvertüre

Die benötigte Kuvertüremenge grob hacken, in einem kleinen Topf im Wasserbad erwärmen, und unter mehrmaligem Umrühren auflösen. Das Wasserbad sollte nicht heißer als etwa 50 °C sein. Nach dem Auflösen Kuvertüre wieder abkühlen lassen, anschließend nochmals erwärmen und das Gebäck damit überziehen. Dieser Vorgang nennt sich Temperieren, und gewährleistet eine gleichmäßige, leicht glänzende Oberfläche. Wenn mit Kuvertüre überzogene Gebäcke im Kühlschrank gelagert werden, bilden sich beim Herausnehmen Wassertröpfchen auf der Oberfläche, da das Gebäck durch den Temperaturunterschied zu schwitzen anfängt. Nach einer Stehzeit verschwinden diese Bläschen aber wieder. Es gibt keine geschmacklichen Beeinträchtigungen. Durch Zugabe von etwas Kokosfett zu der Kuvertüre erreicht man einen noch schöneren Glanz, durch Zugabe von etwas Speiseöl bekommt man einen etwas weicheren Überzug, der besser zu schneiden ist. Während des Schmelzvorgangs darf kein Wasser in die Kuvertüre gelangen, da sie dadurch fest würde und sich nicht mehr glatt verstreichen ließe.

Puderzuckerguss

Zum Verzieren von Gebäck mit Puderzuckerguss mit Hilfe eines Pergamentpapiertütchens darf der Guss nicht zu flüssig sein, da er sonst zu breit auseinander laufen würde. Zum Zusammenkleben von Gebäckstücken oder Befestigen von Garnierungen sollte der Guss nur mit wenig Flüssigkeit zu einer besonders zähen Masse verrührt werden. Wenn der Puderzucker mit Wasser oder Saft verrührt wird, bleibt der Guss kristallisch durchscheinend. Mit Eiweiß verrührt wird und bleibt der Guss „schneeweiß". Wer zum Einfärben des Gusses keine Speisefarben verwenden möchte, kann auch auf Rote-Bete-Saft (rot), Spinatsaft (grün) oder Safran (gelb) zurückgreifen.

Vorratshaltung

Alle Gebäcke müssen vor dem Verpacken ganz erkaltet sein. Generell Plätzchen kühl und trocken aufbewahren und sortenrein verpacken. Bei gefüllten und glasierten Gebäcken immer eine Lage Pergament- oder Backpapier zwischen die einzelnen Schichten Gebäck legen. Plätzchen und Kleingebäck (auch Makronen), das knusprig bleiben soll, muss in fest verschließbaren Dosen aufbewahrt werden (evtl. zum Abdichten eine Lage Alufolie zwischen Deckel und Dose klemmen). Plätzchen die weich werden sollen (z. B. Lebkuchen) so lange an der Luft stehen lassen, bis sie die gewünschte Konsistenz erreicht haben. Dann in Dosen mit lose aufgelegtem Deckel verpacken. Damit die Gebäcke weich bleiben eine Scheibe Brot oder eine Apfelhälfte mit in die Dose legen, das Gebäck nimmt dann die dort enthaltene Feuchtigkeit auf. Ganz wichtig ist, Brot oder Apfel häufig auszuwechseln, da es sonst zu Schimmelbildung kommen kann. Gewürzte Gebäcke und Plätzchen sollten vor Verzehr einige Tage liegen, damit sich die Gewürze voll entfalten können. Um immer frisches Gebäck zu haben, kann man z. B. Knetteiggebäck ausrollen, ausstechen, auf Backbleche oder Backpapier legen, verpacken und einfrieren. Die vorbereiteten Bleche nach Bedarf einfach in den Backofen schieben (die Backzeit erhöht sich dann um 2–4 Minuten). Figürliches aus Lebkuchenteig (z. B. Knusperhäuschen, Baumschmuck) immer erst richtig trocknen lassen (mindestens über Nacht), sonst verformt sich das Gebäck durch die noch enthaltene Feuchtigkeit.

Gefülltes Gebäck wird sehr schnell weich. Deshalb die Plätzchen auf Vorrat backen, aber erst nach Bedarf füllen und zusammensetzen. So bleibt das Gebäck immer frisch und kross, und man hat schnell Plätzchen zum Servieren.

KAPITELREGISTER

HEYNE KOCHBUCH
07/2009

Herausgeber: Genehmigte Lizenzausgabe für den Wilhelm Heyne Verlag, München, 2000

Copyright: © 2000 by Ceres Verlag, Rudolf August Oetker KG, Bielefeld

Titelgestaltung: Kontur Design, Bielefeld
Graphisches Konzept: Andrea Kelger, Bielefeld
Gestaltung: M·D·H Reiner Haselhorst, Bielefeld

Redaktion: Jasmin Gromzik, Antje Günther

Rezeptberatung: Annette Elges, Bielefeld

Fotos: Heinrich Bauer Service KG, Hamburg
BSMG Worldwide GmbH, Hamburg
CMA, Bonn
Thomas Diercks, Hamburg
Ulrich Kopp, Füssen
Kramp & Gölling, Hamburg
Bernd Lippert, Bielefeld
Fotostudio Toelle, Bielefeld
Brigitte Wegner, Bielefeld

Satz: Typografika, Bielefeld

Reproduktion: Mohn Media · Mohndruck GmbH, Gütersloh

Druck: Mohn Media · Mohndruck GmbH, Gütersloh

ISBN 3-453-18217-0

Dr.Oetker bei Heyne

Rezepte mit Gelinggarantie

In jedem dieser sechs Bände präsentiert Dr. Oetker eine Auswahl seiner besten und beliebtesten Rezepte, die sofort und mühelos nachzukochen sind. Alle Zubereitungsschritte sind klar und exakt beschrieben, dazu genaue Angaben zu Garzeiten und Herdeinstellungen. Attraktive Fotos zu fast jedem Rezept machen Lust aufs Kochen und Backen.

07/2006

07/2007

07/2008

07/2009

07/2010

07/2011

Außerdem in gleicher Ausstattung erschienen:

Dr.Oetker Partyrezepte
07/2000

Dr.Oetker Pasta
07/2001

Dr.Oetker Muffins & Co
07/2002

Dr.Oetker Minitorten
07/2003

Dr.Oetker Grillen
07/2004

Dr.Oetker Aufläufe
07/2005

Alle Bände:

96 Seiten, durchgehend vierfarbig, laminierter Pappband, Format 17,5 x 24 cm

DM 14,90/öS 109,-/sFr 14,-